ULRIKE LOOFT-GAUDE

Ik heff di op'm Kieker

**Plattdeutsche Redensarten
und ihre historischen Hintergründe**

Verlag Boyens & Co.

Lektorat: Doris Steuer

Umschlag: Foto H. Knittel

2. Auflage 2003

ISBN 3-8042-1106-2

Inhalt

Essen & Trinken

Rund um die Ernährung

Ik heff mien Knust
bit op'n Rest opeten
Ich hab' meinen Knust bis auf
einen Rest aufgegessen

„Dat fritt keen Brood" (Das frisst kein Brot), sagt jemand, der rechtfertigen will, dass er alte Sachen aufhebt. Ist Brot löchrig,

Seit mindestens 500 Jahren bildet Brot in Norddeutschland einen großen Bestandteil der Ernährung. Weil insbesondere Roggen hier gut gedeiht, gab es grobes dunkles Sauerteigbrot, das man in den ländlichen Haushalten selbst hergestellt hat. Helle Weißbrote dagegen wurden erst durch die Franzosen während der Napoleonischen Kriege eingeführt.

Die Bäuerin der Backenswarft auf Hallig Hooge sitzt im „Grasterloch", einer Bodenvertiefung vor dem Backofen, in der Küche. Die bemehlten Brotlaibe liegen vor ihr auf einem Brett, bevor sie sie in den Ofen schiebt. Der Holzschacht, der schräg vor der Feuerstelle hängt, sorgt dafür, dass der Rauch vom Anheizen des Ofens in den Abzug über der Herdstelle steigt, statt den Raum zu verqualmen. Der Schacht kann nach Gebrauch zusammengeschoben werden. Foto: Theodor Möller 1930

Bis zum 19. Jahrhundert aß man Brot morgens und abends als Beigabe zu anderen Gerichten sowie draußen während der Feldarbeitspause. Mit dem Aufkommen der neuen heißen Getränke Tee und Kaffee veränderten sich die Mahlzeiten. Zum morgendlichen Kaffee gab es nun hauptsächlich Brot und ebenso entwickelte sich das „Abendbrot", wie der Name sagt, zu einer Brotmahlzeit.

Der Stellenwert des Brotes spiegelt sich auch im christlichen Glauben wider: Seine elementare Bedeutung für die Sicherung der Ernährung ist Teil des „Vater unsers", in dem es heißt: „Unser täglich Brot gib uns heute …". Im Abendmahlssakrament stellt es ein Sinnbild dar. Das alles zusammen verstärkt die Wichtigkeit des Brotes für uns noch zusätzlich.

Im Sprachgebrauch des Hoch- wie auch des Plattdeutschen ist Brot ein Symbol für Ernährung schlechthin und damit wird es zum Synonym für wirtschaftliches Auskommen. So meint „he steiht bi em in Brood": „er verdient bei ihm seinen Unterhalt". Und wenn man von jemandem sagt, „he hett ni das dröge Brood", meint man damit, dass er ausgesprochen ärmlich lebt. Zahlreiche ähnliche Sprichwörter und Redensarten sind im Laufe der Zeit um das Brot entstanden.

Konsequenterweise wird Brot schließlich auch mit dem Lebensende verknüpft, denn wer stirbt, braucht kein Brot mehr. So sagte man: „Ik heff mien Knust bit op'n Rest opeten" und meinte: „Ich habe nicht mehr lange zu leben".

heißt es: „De Bäcker hett sien Seel rinbackt" (Der Bäcker hat seine Seele reingebacken). „Bi em is dat Für in Backaben utgahn" (Bei ihm ist das Feuer im Backofen ausgegangen) bedeutete, dass der Betreffende sehr arm war.

Nachweis
M I 525, 526, III 227; Rö I 169

Spott ni mit de Bodder, se kann noch dür noog warrn
Mach mit der Butter keine Scherze, sie kann noch teuer genug werden

---

In vielen redensartlichen Vergleichen, in denen Butter eine Rolle spielt, wird ihre Konsistenz bei Wärme aufgegriffen. In plattdeutschen Wendungen ist sie meistens als Zutat zu einer Mahlzeit genannt, der sie guten Geschmack verleihen soll, wie beispielsweise Grütze oder Fisch.

„De Bodder deiht narns Schaden, as wo se nich hinkömmt" (Die Butter schadet nur da, wo sie nicht hinkommt).

Nachweis
Rö I 181 f; Sch I 142

Allerdings musste mit Butter sparsam umgegangen werden, denn sie war wertvoll und nicht in unbegrenzter Menge herzustellen. Bis zur Gründung der Genossenschaftsmeiereien Ende des 19. Jahrhunderts war es auf den Höfen üblich, selbst zu buttern. Die frisch gemolkene Milch wurde in Satten, flache Behälter, gefüllt und an einen kühlen Ort gestellt. Nach einiger Zeit setzte sich oben die Sahne ab, man hob sie mit flachen

In der Küche eines Bauernhauses steht eine Frau am Stoßbutterfass. Durch Auf- und Abbewegen des Karnstocks schlägt eine durchlöcherte Scheibe an seinem unteren Ende die Sahne zu Butter. Foto: Theodor Möller 1938

breiten Rahmlöffeln ab und füllte sie in ein Butterfass. Zusammen mit saurer Sahne musste sie dann eine Zeit lang geschlagen werden.

Es gab Drehbutterfässer, in denen das Schlagwerk durch eine Kurbel betrieben, und Stoßbutterfässer, in denen eine durchlöcherte Scheibe mit Hilfe eines langen Stabs auf und ab bewegt wurde. Nach etwa 20 Minuten hatte sich Butter gebildet, die herausgeschöpft und noch geknetet werden musste, um sie von den Buttermilchresten zu trennen. Zur Verbesserung des Geschmacks und für längere Haltbarkeit fügte man Salz hinzu.

Im eigenen Haushalt verwendeten die Bäuerinnen nur soviel Butter wie nötig. Den größeren Teil verkauften sie auf dem Markt. Gab eine Magd ein zu großes Stück auf die Grütze, soll man scherzhaft drohend gesagt haben: „Bodder dük di, Mutter süht di", also: Butter, mach dich dünne, bevor die Mutter dich sieht – und die Magd für ihre Verschwendung tadelt.

Fisch watt, Kantüffel satt
Etwas Fisch, aber satt Kartoffeln

Kartoffeln waren für viele Menschen im 19. Jahrhundert und in der ersten Hälfte des 20. Jahrhunderts neben Brot das wichtigste Lebensmittel. Die ersten Knollen gelangten aus Südamerika über die Niederlande und England schon im 17. Jahrhundert nach Norddeutschland und ihr Anbau wurde sehr bald von vorausschauenden Menschen empfohlen. In Schleswig-Holstein dauerte es allerdings länger als in Mecklenburg und Niedersachsen, bis sie von großen Teilen der Bevölkerung angenommen waren, obgleich es auch hier Fürsprecher gab. So setzte sich Mitte des 18. Jahrhunderts von Glücksburg aus ein Propst namens Philipp Ernst Lüders dafür ein, aber erst die Hungersnöte im 19. Jahrhundert bewirkten einen entscheidenden Wandel. Die Bauern begriffen, dass „Erdäpfel" größere Ernten versprachen als Getreide und dass sie auch weniger wetteranfällig waren.

Wo statt Fisch Fleisch gegessen wurde, hieß es stattdessen auch: Fleisch watt, Kantüffel satt.

Nachweis M III 43;

10

Der praſſende Altersrentner.

Je stärker der Kartoffelanbau anstieg, desto billiger wurden sie. Als Folge dessen machten sie in ärmeren Familien schließlich den Hauptbestandteil der Mittags- und Abendmahlzeit aus und wurden auch oft ganz ohne Beilagen gegessen. Meistens kamen sie dann als Pellkartoffeln auf den Tisch, weil sie so am ergiebigsten waren.

Fettnäpfchen
Ins Fettnäpfchen treten

*Nachweis
Grimm 1515; Rö I
270; MF I 325a*

Diese Redensart ist im hochdeutschen Sprachgebrauch allgemein bekannt und drückt im übertragenen Sinn aus, dass jemand ungewollt eine unpassende, verletzende Äußerung getan hat. Sie scheint im Niederdeutschen in den letzten 150 Jahren nicht auffallend häufig gebraucht worden zu sein, denn sie ist in keiner der entsprechenden Zusammenstellungen enthalten. Gleichwohl dürfte sie aber aus dem ländlichen norddeutschen Raum stammen, auch wenn viele Autoren ihren Ursprung im Erzgebirge vermuten, wo nahe der Tür ein kleiner Topf mit Fett zum Schmieren der Stiefel stand.

Wahrscheinlicher ist es jedoch, dass ursprünglich Näpfe für Speisefett gemeint waren. Aussprüche ähnlichen Inhalts, in denen tölpelhafte Menschen in Öl, Fett oder Brei treten, sind weit verbreitet.

Im gesamten norddeutschen Raum gab es bis ins 20. Jahrhundert die sogenannten „Rauchhäuser", niederdeutsche Fachhallenhäuser mit offener Feuerstelle in der Diele. Der Rauch konnte dort nicht durch einen Schornstein aus dem Haus steigen, sondern füllte den Dielenraum und entwich durch Hausöffnungen und das Reetdach. In diesen Rauch hängte man die Schinken und Würste nach dem Schlachten und Pökeln unter die Dielendecke, um sie zu konservieren. Sie mussten so über eine längere Zeit hängen, wobei das Feuer nicht zu stark brennen durfte, damit die Hitze nicht zu groß

Im Schwibbogenherd mit dem gemauerten Rundbogen darüber glimmt das Feuer und davor hängen die Schinken zum Räuchern an der Decke. Der Rauch ist im seitlich aus der Lucht einfallenden Licht gut zu sehen. Man kann hier nachvollziehen, warum es früher hieß: „sik ut Rook un Smook maken" (sich aus Rauch und Qualm machen), statt wie heute „aus dem Staub".
Foto um 1910

wurde. Geschah das doch einmal, begann das Fett an den Schinken flüssig zu werden und herunterzutropfen. In solchen Fällen stellte man kleine Töpfe auf den Boden darunter, um das Fett aufzufangen und zum Würzen für weitere Speisenzubereitungen, vielleicht für Eintöpfe, zu verwenden.

Da die Diele gleichzeitig auch der Hauptraum des Hauses war, liefen hier ständig Menschen umher und traten dabei gelegentlich in einen der Töpfe, d. h. „ins Fettnäpfchen", und verschütteten dessen Inhalt.

Wenn dat nicht helpt, so mag Beer un Brod helpen
Wenn das nicht hilft, mag Bier und Brot helfen

Ein holsteinisches Trinklied lautete: „Tünn, Tünn, Tafelbeer, morgen hefft wie söt Beer, övermorgen suur Beer" (Tonne, Tonne, Tafelbier, morgen haben wir süßes Bier, übermorgen saures Bier). Vgl. auch S. 70

Nachweis M I 265; KL 363; Sch I 82 f

Bier gehörte noch im 19. Jahrhundert wie selbstverständlich zur täglichen Ernährung dazu – fast wie Brot. Wenn eine verabreichte Medizin einem Kranken nicht half, verwies man ihn statt dessen auf die tägliche Nahrung.

Bier konnte man kaufen, üblich war aber lange die Herstellung im Haushalt. Aus gemälzter (gerösteter) Gerste, wildem Hopfen und viel Wasser wurde obergäriges Bier mit niedrigem Alkoholgehalt gebraut. Ähnlich wie beim Sauerteig verwendete man als Treibzusatz einen Teil des gegorenen Biers vom vorangegangenen Mal zum Ansetzen. Dabei nutzte man, anders als heute, die natürliche Gärung aus, wodurch in der Regel mehr Säure entstand, als wir es gewohnt sind.

Zwei bis drei Wochen musste das Bier abgelagert werden, bis es klar war. Gab es einen Keller im Haus, wurde es dort verwahrt, sonst an einem anderen möglichst kühlen Ort. Da der Gärprozess ständig weiter fortschritt, wurde es kontinuierlich saurer und ließ sich nicht lange lagern. Das „saure Bier", das niemand haben will, ist sprichwörtlich.

Die Qualität des Biers hing sehr von der des verwendeten Wassers ab, die natürlich nicht überall gleichermaßen gut war. Trotzdem hatte es sich als gesünder erwiesen, das mit abgekochtem Wasser zubereitete Bier zu trinken als pures Wasser.

Magnus Ivens und
J. Schmidt sitzen bei
einem Humpen Bier
zusammen am Tisch
in Schaulen,
Foto 1917

Johann Friedrich Schütze schreibt 1800, dass in Holstein Biersuppe noch wenige Jahrzehnte zuvor als Frühkost üblich gewesen, zu seiner Zeit dagegen Abendspeise geworden sei. Sie wurde aus Bier mit Schwarz- oder Roggenbrot gekocht und mit Sirup gesüßt. Durch den Kochvorgang war zwar kein Alkohol mehr in der Suppe, man reichte aber üblicherweise Bier als Getränk dazu und das erhielten auch die Kinder.

Eine andere übliche Art, Bier zu sich zu nehmen, bestand darin, es angewärmt über kalt gewordene Getreidegrütze vom Vortag zu gießen.

Seit etwa Mitte des 19. Jahrhunderts konnte man dann auch in Norddeutschland das in Brauereien hergestellte sogenannte „bayrische Bier" kaufen, ein untergäriges mit höherem Alkoholgehalt.

Beer nährt, Branntwien tehrt
Bier nährt, Branntwein zehrt

Während Bier wegen seines niedrigen Alkoholgehalts früher eher sättigte, als dass es betrunken gemacht hätte, war der ge- *„In'n Köömbuddel versupt mehr Min-*

brannte Alkohol durchaus hochprozentig. Vor allem Getreide und Kartoffeln wurden zu Schnaps gebrannt.

Getrunken wurde er, glaubt man den Quellen, überall, aber in besonders großen Mengen in den Marschgebieten. Die Qualität des Trinkwassers war dort ausgesprochen schlecht, weil es keine Süßwasserbrunnen gab. Es war nicht nur gesundheitlich bedenklich, es schmeckte auch nicht gut. Trotzdem mussten daraus Tee und Kaffee gekocht werden, die den unangenehmen Beigeschmack behielten.

Dem konnte man allerdings entgegen wirken durch die Zugabe von Schnaps. Johann G Kohl hat hierzu Mitte des 19. Jahrhunderts geschrieben, dass Kaffee- und Teepunsch bereits morgens getrunken wurden und er beschreibt auch die Zubereitung: „Es ist dabei Sitte, daß in die Tasse nur soviel Thee oder Kaffee geschüttet wird, als nöthig ist, um den Zucker, dessen sie immer sehr viel gebrauchen, zu schmelzen. Der Rest der Tasse wird mit Branntwein angefüllt. (...) Und von dieser (...) Süßigkeit (...) trinken sie gleich früh Morgens ein halbes Dutzend Tassen."

Vielfach diente der Alkohol aber auch dazu, einen Arbeitstag besser zu überstehen. So war es in manchen Arbeitsbereichen allgemein üblich, den Leuten zusätzlich zum Lohn, bzw.

In der Gesindestube wurde während der Arbeitspause Tee getrunken, in den oft genug ein Schuss Hochprozentiges gegossen wurde. Illustration von B. Winter zu Gustaf Frenssens „Jörn Uhl", 1913

als Teil dessen, Schnaps auszuschenken. Während des Dreschens mit Dreschmaschinen brauchte man viele Arbeitskräfte, die vorwiegend von Wanderarbeitern gestellt wurden. Die Arbeit an der Maschine ging über einen langen Arbeitstag und es entstand viel Staub, der sehr unangenehm war. Um den Arbeitswillen trotzdem zu erhalten, gab es in zweistündigem Abstand für alle einen Korn. Den ersten hatten die Arbeiter bereits unmittelbar nach dem Aufstehen bekommen, um die Lebensgeister zu wecken.

An diesem großzügigen Umgang mit Alkohol gab es aber auch viel Kritik, der zum Beispiel in „Mäßigkeitsvereinen" Ausdruck fand. Sie entstanden seit der ersten Hälfte des 19. Jahrhunderts an vielen Orten und setzten sich vehement und erfolgreich für ihr Ziel ein.

He hett den Lepel an de Wand steken
Er hat den Löffel an die Wand gesteckt – er ist gestorben

Die meisten Mahlzeiten, die bis Ende des 19. Jahrhunderts auf den Tisch kamen, konnten mit Hilfe eines Löffels und natürlich mit den Fingern eingenommen werden. Für die in ländlichen Haushalten üblichen Gerichte wie zum Beispiel Gersten- und Buchweizengrütze oder gekochte Bohnen brauchte man kein anderes Essgerät und für das Brot, das dazu gegessen wurde, gab es ein großes Messer. Der Löffel ist deshalb auch das älteste Teil des heute gewohnten Essbestecks. Messer und Gabeln waren im 19. Jahrhundert noch nicht überall üblich.

Meistens bestanden die Löffel aus Holz, häufig waren sie aus Pappel selbst geschnitzt und jedes Haushaltsmitglied besaß seinen eigenen. Für die Hausfrau war der Umgang damit denkbar einfach: Oft gab es an der Wand einen Lederriemen, der mit so vielen Nägel befestigt war, dass jeder am Tisch einen eigenen Platz darin zum Hineinschieben seines Löffels hatte.

In Mecklenburg sagt man auch: „De lickt den Lepel ok nich wedder" (Der leckt den Löffel auch nicht wieder ab).

Nachweis M III 454, 455; Rö V 608

In dieser nordfriesischen Küche hängt neben der Feuerstelle ein Löffelbrett mit sieben Löffeln. Auf diese Weise wurden die Löffel nicht nur aufbewahrt und waren jederzeit griffbereit, sie wurden wie die Teller als repräsentative Schauobjekte genutzt. Gemälde von Carl Ludwig Jessen (Ausschnitt), 1913

Zur Mahlzeit nahm sich jeder seinen eigenen heraus und säuberte ihn hinterher auch wieder – entweder durch besonders sorgfältiges Ablecken, oder man benutzte gemeinsam mit den anderen ein Löffeltuch.

Es gab aber auch Löffelbretter zum Einhängen, die kunstvoll geschnitzt und farbig gefasst waren.

Aufgrund seiner Geschichte entwickelte sich der Löffel zum Symbol für das elementare Bedürfnis zu essen, um leben zu können. Folgerichtig wurde er so auch zum Symbolträger für den Tod. Wer gestorben war, brauchte nichts mehr zu essen, er hatte bildlich gesprochen den Löffel endgültig an die Wand gesteckt.

Für „Geburt" wird das Bild vom Löffel ebenfalls benutzt, wenn man von jemandem sagt, er stamme aus einer besonders wohlhabenden Familie: „De is mit'n goldenen Lepel in'n Mund geborn".

17

Dat is so taag as'n Tarterpott

Das ist so zäh wie ein Tatarentopf/Zigeunertopf

Als „Tarter" bezeichnete man fahrende Händler und andere Umherreisende. Das Wort ist von „Tatar" abgeleitet, dem Namen des asiatischen Stamms, den man relativ undifferenziert mit umherziehenden Zigeunern in Verbindung brachte, wohl wegen ihres fremdländischen Äußeren.

Der „Tarterpott" ist heute unter dem Namen „Jütepott" besser bekannt. Es handelt sich dabei um fast schwarze irdene Töpfe verschiedener Formen mit einer außergewöhnlichen Stabilität. Sie hat ihre Ursache in der speziellen Herstellung: Gegen Ende der Brennzeit legte man feuchte Zweige mit in den Brennraum, wodurch die Töpfe geräuchert wurden. Dabei entstanden Teerprodukte, die sich auf den Ton legten und

Mit der Warnung: „Kiek ni in'n Soot, dor sitt de Tarter in" (Schau nicht in den Brunnen, da sitzt der Tatar/Zigeuner drin), versuchte man Kinder von Brunnen und Wasserstellen fern zu halten, damit sie nicht hinein fielen.

*Nachweis
M V 18, 19
Storm 54 ff*

Der Jüte- oder Tarterpott ist ein Grapen mit gerundetem Boden und kleinen Füßen zum Stehen. Trotz seiner besonderen Festigkeit haben sich nur vereinzelte Exemplare erhalten.

18

ihn abdichteten. Durch dieses, sonst nicht übliche Verfahren erreichte man nicht nur Undurchlässigkeit für Flüssiges ohne zu Glasieren, sondern auch eine höhere Hitzebeständigkeit und größere Stoßfestigkeit als bei anderen irdenen Behältern.

Hergestellt wurden die „Tarterpötte" nicht von Tataren oder gewerbsmäßigen Töpfern, sondern in Heimarbeit von Frauen, die im Westen Jütlands bei Varde lebten – daher der Name Jütepott. Den anderen Namen verdanken die Töpfe denen, die sie hier in Norddeutschland verkauften. Es waren reisende Händler unterschiedlicher Herkunft und Nationalität.

Verwendet hat man die Töpfe gern zum Einkochen von Schwarzsauer, auch „Tartersupp", das darin dann auch über längere Zeit im Keller gelagert werden konnte – abgedeckt durch eine Fettschicht. Vor der Mahlzeit wurden die Töpfe dann wieder direkt auf das Feuer gestellt, um das Essen zu erhitzen.

Auch ein Kinderreigenlied aus Kiel nennt den jütischen Topf:

„Tarterpott, Tarterpott / dreih di mal herüm / giff mi de Buddel her / oder ik fall üm" (Tartertopf, Tartertopf / dreh dich mal herum / gib mir die Flasche her / oder ich fall um).

He hett grote Rosinen in'n Sack
Er hat große Rosinen im Sack

Gab jemand besonders an, sagte man: „Sien Rosinen sünd ebenso groot as Nawer sien Plummen" (Seine Rosinen sind genau so groß wie die Pflaumen des Nachbarn).

Nachweis M IV 151 f

Noch heute gilt es als Eigenheit der norddeutschen Küche, viele Gerichte durch süße Zutaten zu ergänzen. Während dies für uns aber nur eine von vielen möglichen Zubereitungsarten darstellt, war es bis zum Ende des 19. Jahrhunderts eine der wichtigsten. Die Auswahl der Lebensmittel war sehr begrenzt, denn zur Hauptsache wurde in ländlichen Haushalten das verarbeitet, was man selbst angebaut hatte. So gab es Buchweizen- oder Gerstengrütze – je nachdem, was auf dem Boden besser wuchs –, Pfannkuchen, Kartoffeln und natürlich viel Brot.

An Sonntagen wurden die Gerichte angereichert mit zusätzlicher Butter und die Köchin fügte, wo sie passten, Rosinen

Die Hochzeitssuppe in Stapelholm wurde im Freien gekocht, wenn man viele Gäste erwartete. Es gab entweder eine Weinsuppe mit Graupen und Rosinen oder Frische Suppe mit vielen Einlagen, dem Fleisch, aus dem die Brühe gekocht war, Reis und ebenfalls Rosinen. Illustration im Heimatbuch der Landschaft Stapelholm, ca. 1930

hinzu: in die Grütze, an den Pfannkuchen- und den Brotteig.

Bei besonderen Gelegenheiten wie Familienfeiern reichte man auch anderes Essen, so gab es zu Hochzeiten beispielsweise Suppe mit verschiedenen Einlagen, unter anderem mit Rosinen. Als Hauptgericht aß man beispielsweise sogar zum Braten Reis mit Rosinen.

Diese Vorliebe für Rosinen ist auf die damals so geringe Auswahl an Zutaten zurückzuführen. An frischen Zutaten hatte man das, was gerade geerntet werden konnte oder was lagerfähig war. Als Gewürze benutzte man vorwiegend Salz und Pfeffer. Rosinen, die ebenfalls gelagert werden konnten, gaben den Gerichten eine besondere Note.

Sie wurden vor allem auf dem Seeweg in großen Mengen aus dem Mittelmeerraum importiert. Ihre Größe dürfte allerdings keine Rolle gespielt haben, denn sie wurden nach Gewicht verkauft. Die Behauptung, selber größere Rosinen zu haben als andere, ist demzufolge sinnlos und sie wurde Leuten unterstellt, die entweder durch Angebereien aufgefallen waren oder durch unrealistische Pläne.

Bekannt sind die sprichwörtlich großen Rosinen im ganzen deutschen Sprachraum, auch wenn sie nicht überall eine so wichtige Rolle in der Speisenzubereitung spielten wie in Norddeutschland.

Dat is so dür as Peper
Das ist so teuer wie Pfeffer

„Dat is Peper un Salt" (Das ist Pfeffer und Salz) bedeutete, die Preise seien gepfeffert und gesalzen. Ähnlich wie Pfeffer führte man auch Kaneel (Zimt) als Vergleich mit anderen teuren Dingen an.

Nachweis M IV 981

Pfeffer hat man seit der Antike als Heilmittel aus Indien importiert. Im Mittelalter wurde er dann zum Hauptgewürz und als solches in größeren Mengen gehandelt. Wie in anderen großen Städten gab es in Hamburg Kaufleute, die überwiegend vom Pfefferhandel lebten – und zwar nicht schlecht, was ihnen den Spitznamen „Pfeffersäcke" eintrug. Mit Schiffen wurde der Pfeffer im Hafen angeliefert und von dort aus weiterverkauft.

Es gab wie heute sowohl schwarzen als auch weißen Pfeffer, wobei beide von derselben Pflanze stammen. Der schwarze besteht aus den unreifen Beerenfrüchten, die weißen sind gereifte und geschälte Körner. Wegen ihres hohen Wertes wurden sie lange Zeit sogar einzeln verkauft. Im Haushalt fanden sie Verwendung zum Würzen aller salzigen Gerichte, allerdings nicht in jeder Küche, denn dazu waren sie viel zu teuer.

In den Kolonialwarenläden der Dörfer konnten natürlich auch die üblichen Gewürze wie Salz und Pfeffer gekauft werden. Geschäft von H. Th. Holm in Osterborstel / Dithmarschen, Postkarte um 1911

21

Unter Dach & Fach

Über Haus und Hauswirtschaft

Mennigeen stiggt in'n Pesel un fallt in't Swienshock dal

Mancher steigt in den Pesel auf und fällt in den Schweineverschlag hinunter

„Pesellüd" nannte man in Dithmarschen Leute, die zum Abendbesuch kamen.

Nachweis M III 998 f

Diese Redensart hat die gleiche Bedeutung wie die bekannte hochdeutsche: „Hochmut kommt vor dem Fall".

„Pesel" hieß der größte Raum im norddeutschen Bauernhaus. Er war nicht beheizbar, obwohl sein Name sich vom lateinischen „balneum pensile" für einen warmen luftbeheizten Raum herleitet.

Der Pesel des Ostenfelder Bauernhauses wurde mit dem Haus 1899 nach Husum verlegt und als Museum geöffnet. Die Frau im Bild hat vor sich auf dem Boden eine Feuerkieke. Foto Theodor Möller um 1908

23

Hier befanden sich Betten, Truhen und Schränke, in denen Wäsche, Leinen, Kleidung und vieles mehr aufbewahrt wurde. Im Pesel fanden auch Festlichkeiten statt, die man im Haus veranstaltete. Täglich bewohnt wurde der Pesel nicht, dazu gab es die kleinere Döns, die mit einem Ofen ausgestattet war. Man nutzte ihn aber auch für Arbeiten, die drinnen ausgeführt werden mussten, zum Beispiel zum Kerzenziehen und gelegentlich auch zur Aufzucht von jungem Geflügel. Außerdem brauchte man diesen Raum zum Aufbahren der Verstorbenen, die früher bis zur Beisetzung im Haus blieben. Im Laufe des 19. Jahrhunderts erhielten die Pesel zunehmend auch Öfen und anstelle des gestampften Lehmbodens Holzbretter. Trotzdem behielten sie ihre Funktion als Raum für besondere Gelegenheiten bei.

Bau und Einrichtung von Peseln waren verständlicherweise den größeren Höfen und reicheren Hausbesitzern vorbehalten. Katen hatten keine Pesel. Der in der Redensart thematisierte Sturz vom Pesel in den Schweineverschlag steht für einen großen gesellschaftlichen Aufstieg, dem aber ein noch tieferer Abstieg folgen konnte. Sie beinhaltete die Warnung, nicht über die ererbten Verhältnisse aufzusteigen.

Vun Döns un Disch scheden
Von Döns und Tisch geschieden

Die Döns war in alten Bauernhäusern üblicherweise der einzige heizbare Raum. Er lag im niederdeutschen Fachhallenhaus im rückwärtigen Teil, dem Kammerfach, hinter dem Schwibbogenherd. Im jütischen Langhaus befand er sich unmittelbar neben der Küche. In beiden Fällen stand der „Bilegger", der Beilegeofen aus gegossenen Eisenplatten, an der Wand in der Döns, die zur Feuerstelle oder Küche hin lag. Von dort konnte er durch eine Maueröffnung beheizt werden.

Der Name dieser Stube unterschied sich in den Regionen leicht, so hieß sie zum Beispiel in Angeln „Dörnsk" und in Norderdithmarschen „Dünsch". Große Häuser besaßen auch

„Goden Dag, kaam in Döns" (Guten Tag, komm in die Döns), empfing man Besucher und bat sie einzutreten.

Nachweis M I 741; Neoc I 65

zwei dieser Räume, wenn die Altenteiler mit darin lebten. Man nannte sie nach ihrer Größe Lütt- bzw. Grootdöns oder nach der Lage Norder-, Süder-, Vör- und Achterdöns.

Bekannt sind diese beheizbaren Wohnräume im ländlichen Raum erst seit etwa 1600. Noch zu Beginn des 17. Jahrhunderts waren sie nur vereinzelt vorhanden. So nennt Neocorus für das gesamte Kirchspiel Büsum nur vier oder fünf „Dornschen".

Genutzt wurden die Räume täglich, zum Essen oder Beisammensitzen, und auch Handarbeiten machte man dort. An den Wänden waren eingebaute Betten, die durch Vorhänge oder Klapptüren verschließbar waren. In einem dieser Betten schliefen gewöhnlich der Hausherr und seine Frau. Trennte sich das Ehepaar, sprach man davon, sie seien von Döns und Tisch geschieden, denn Stube und Tisch stehen für die Lebensbereiche, in denen die Familie bzw. Hausgemeinschaft zusammenkam.

Die regional unterschiedlichen, teilweise sehr aufwendigen Wandpaneele erfüllten zweifellos repräsentative Aufgaben, wenn Gäste zu Besuch waren. Der Ausdruck „Gedöns machen" hängt trotzdem nicht mit „Döns" zusammen, sondern ist auf das Verb „doon" (tun) zurückzuführen.

Döns in einem nordfriesischen Haus. Gemälde von Carl L. Jessen

25

Se hebben Finsterbeer
hatt vun Nacht
Sie hatten letzte Nacht Fensterbier

Als „Bier" bezeichnete man nicht nur das jedem bekannte Getränk, sondern ebenfalls Feste verschiedener Art, bei denen nicht zwangsläufig Bier getrunken wurde, auch wenn das sicher ursprünglich der Grund für die Benennung war. Beim Fensterbier feierte man den Bau eines neuen Hauses: Man lud die Nachbarn dazu ein und bekam von ihnen zum Einzug

„He geiht to Finsterbeer" (Er geht zum Fensterbier), sagte man auch, wenn jemand bei einem Fest nur durch das Fenster schaute.

Nachweis
M II 105 f; Sch I 83

Fensterbierscheibe, die ein Hinrich Hanssen aus Odderade im Jahr 1775 einem Nachbarn oder Verwandten für dessen neues Haus geschenkt hat.

kleine bemalte Glasscheiben, „Fensterbierscheiben", die in die Fenster von Döns, Diele oder Pesel eingebaut wurden.

Verglasungen hatte man in Fenstern seit dem Mittelalter. Neben hellem Glas gab es bis ins 18. Jahrhundert viel grünliches oder bräunliches, das sogenannte Waldglas. Weil größere Glasscheiben schwer herzustellen waren, setzte man kleine Scheiben durch Bleistege zusammen. Vielen Hausbesitzern fiel es schwer, neben dem Hausbau auch noch diese Anschaffung zu bezahlen. Deshalb wurde im 14. Jahrhundert der Brauch von Kirchen und Klöstern übernommen, sich von Nachbarn und Verwandten Scheiben schenken zu lassen. Aus Hamburg ist die älteste Fensterschenkung aus dem Jahr 1375 bekannt.

Oft wurden Hausmarken oder Wappen aufgemalt, es gab aber auch Sinnbilder und Arbeitsszenen. Zum Dank für die geschenkten Scheiben und zweifellos auch in der Hoffnung, möglichst viele Fenster geschenkt zu bekommen, veranstalteten neue Hausherren ein Fensterbier. Trotz wiederholter Verbote hielt sich der Brauch bis etwa 1800.

En Klock is'n Driewer in't Huus
Eine Uhr ist ein Antreiber im Haus

Die oft minuziösen Planungen des Tages sind erst möglich, seit jeder eine eigene Uhr besitzt. Das ist aber noch nicht lange so: Zwar gab es Dielenstanduhren schon seit dem Beginn des 18. Jahrhunderts in Norddeutschland, aber sie waren sehr kostspielig. Sie standen zunächst in adligen und großbürgerlichen Haushalten in einem zentralen Raum des Hauses. Durch ihren repräsentativen Charakter entwickelten sie sich schnell zu Statussymbolen. In der Mitte des 18. Jahrhunderts fanden sie sich dann auch zunehmend in den Dielen der Großbauern.

Mit ihrer Hilfe war es den Hausherren möglich, einen für alle Haushaltsangehörigen verbindlichen Tagesablauf festzulegen und dessen Einhaltung auch zu kontrollieren.

Neben den von einheimischen Uhrmachern hergestellten Uhren wurden im 19. Jahrhundert auch viele aus Holland und von Bornholm importiert, die zu geringeren Preisen zu kaufen waren. Dazu kamen Wanduhren mit bemalten hölzernen Zifferblättern aus dem Schwarzwald, die dort in großem Umfang hergestellt und unter anderem in Norddeutschland vertrieben wurden. Sie konnten noch günstiger erworben werden, so dass es schließlich breiten Bevölkerungskreisen möglich war, eine Uhr anzuschaffen.

Klock, wi richt uns na'n Kalenner" (Ach was! Uhr ist Uhr, wir richten uns nach dem Kalender).

Nachweis M III 19, 165

Ein Uhrmacher in seiner Werkstatt, Foto: Remmer, Flensburg 1920er Jahre

Uhren gaben ein neues objektives Zeitraster vor, das von sehr vielen allerdings als Last empfunden wurde. Dieses Gefühl kommt deshalb auch in mehreren Redensarten zum Ausdruck.

Wer sich gegen den neuen Druck wehren wollte, behauptete, er brauche statt einer Uhr nur einen Kalender, oder, man esse, wenn es Mittag ist, denn das hatte man auch vorher ohne Uhr getan.

Dor is'n Deef an't Licht
Da ist ein Dieb am Licht

Die Aufforderung „Kniep den Deef af" bedeutete: „Schneid den Docht ab". Es gab auch andere Diebe im Haus: „Drög Holt un frisch Brood is'n Deef in't Huus" (Trockenes Holz und frisches Brot ist ein Dieb im Haus).

Nachweis Ho 104; M I 698

Der Dieb am Licht ist der Nebendocht einer Kerze. Er ist, wie der Name sagt, unerwünscht, denn er benötigt zum Brennen ebenfalls einen Teil des Kerzenmaterials, so dass dieses schneller aufgebraucht ist. Aus heutiger Sicht scheint das nicht problematisch, zumal das künstliche Licht ohnehin immer sehr schwach war. Kerzen gab es aber in jedem Haushalt nur in begrenzter Anzahl, so stand einer Magd zum Beispiel am Abend normalerweise nur eine zur Verfügung. Brannte sie zu schnell ab, war das ausgesprochen ärgerlich.

Die billigsten Kerzen waren die im Haushalt selbst hergestellten. Nach dem Schlachten im Herbst „stippte" man sie: Dabei wurden Dochte aus Leinen oder Baumwolle in erhitzten Talg von Rindern oder Schafen getaucht. Weil die Masse nicht ganz rein war, verursachten die Kerzen beim Brennen oft knisternde Geräusche, sie hießen dann „Snöterkatten". Für besondere Gelegenheiten oder besonders wohlhabende Haushalte kaufte man das teure Bienenwachs. Wurde beim Herstellen der Dochte oder beim anschließenden Stippen unordentlich gearbeitet, konnten versehentlich einzelne Dochtstücke in

Ein Pesel in Morsum aus dem 17. Jahrhundert. Auf dem gedeckten Tisch stehen zwei Kerzenleuchter.

Kerzen mit eingearbeitet werden. Das waren die Diebe am Licht, die dann später auch mit abbrannten.

Bei allen Kerzen mussten die Dochte übrigens regelmäßig kurz geschnitten werden, weil ihre Enden sonst rußten und die Flammen erstickten.

Erst seit der zweiten Hälfte des 19. Jahrhunderts gab es Stearin- und Paraffinkerzen, die wesentlich gleichmäßiger und heller brannten. Stearin stellte man aus Tier- und Pflanzenfetten, Paraffin aus Erdöl und Braunkohle her. Gleichzeitig verbesserte sich auch die Qualität der industriell hergestellten Dochte.

He hett to veel op'e Lamp gaten
Er hat zu viel auf die Lampe gegossen – er hat sich betrunken

Die angeführte Redensart geht auf die Zeit der Tran- und Öllampen zurück, deren Licht man in Gang hielt, indem man Brennstoff nachgoß.

Gleichzeitig wurde Alkohol von vielen Menschen als Lebenselixier empfunden. Indem sie ihn tranken, wollten sie etwas für ihr Wohlgefühl tun, für ein angenehmes Leben. Der Vergleich des eigenen Lebens mit einer Lampe geht letztlich auf alte religiöse Erfahrungen zurück, in denen Licht immer als göttlichen Ursprungs empfunden wird.

Künstliches Lampenlicht, von dem hier die Rede ist, stand bis ins 20. Jahrhundert nicht unbegrenzt zur Verfügung, war aber natürlich in der dunklen Jahreszeit notwendig, um Arbeiten im Haus durchführen zu können. Dabei war die Leuchtkraft von Kerzen und Lampen gegenüber heutigen Verhältnissen recht niedrig.

Neben Kerzen (s. S. 29) spielten Tran- und Öllampen eine große Rolle. Tran wurde aus dem Fett von Walen gewonnen, die eigens zu diesem Zweck jahrhundertelang gejagt worden sind.

Die Lampen konnten sehr verschieden aussehen, sie besaßen aber immer einen Behälter für den Brennstoff, der höher als der

Den Begriff „Tranfunzel" verwendet man noch immer für schwache Lichter. Im übertragenen Sinn bezeichnet der Ausdruck einen besonders langsamen Menschen.

Nachweis M III 403

Docht lag oder wenigstens auf gleicher Höhe mit ihm. Der Grund hierfür liegt in der Zähflüssigkeit von Tran und Öl: Sie konnten von den Dochten, die aus Wolle, Baumwolle oder Binsenmark bestanden, nur langsam und schwer aufgesogen werden. Die schwere Brennbarkeit der Flüssigkeiten hatte allerdings den Vorteil, dass es völlig ungefährlich war, in die brennende Lampe Brennstoff nachzugießen, wenn er zur Neige ging.

Öllampe aus Zinn, Ende 18. Jahrhundert. Der Brennstoff befindet sich in der oberen Schale, die mit einem Deckel zu verschließen ist. Der Docht liegt in einer Kehle. Er kann mit Hilfe des kleinen Drahtes, der mit einer Kette befestigt ist, bei Bedarf weiter herausgezogen werden.

Als Ende des 19. Jahrhunderts Petroleum auf den Markt kam, war vielen Menschen nicht bewusst, dass das Nachfüllen dieses neuen Brennstoffs gefährlich war, weil er leicht entflammbar ist. Das hatte in der ersten Zeit zahllose Unfälle zur Folge.

He hett dat Für raakt

Er hat das Feuer zusammengerakt –
er war der letzte Gast auf dem Fest

Die scherzhafte Bemerkung, jemand hätte das Feuer „gerakt", verwendete man für einen Gast, der länger als alle anderen geblieben war. Zusammengerakt wurde Feuer in den früher üblichen offenen Feuerstellen am Abend, wenn die Familie sich schlafen legte. Normalerweise war dies die Aufgabe der Hausfrau: Sie schürte die Glutreste sorgfältig zusammen, bedeckte

Auch: „Raak dat Für to, ward Tied to Bett" (Raak das Feuer zusammen, es ist Bettzeit).

Nachweis M IV 33, 34

Zwei Schwibbogenherde gab es in Katen, die von zwei Familien bewohnt wurden. Im rechten steht hier bereits ein Topf über dem Feuer, am linken bringt eine Frau vermutlich gerade Brennholz, um das Feuer neu zu entfachen. Foto: Anfang 20. Jahrhundert

sie mit Torf – am besten eignete sich hierfür der „Lüchttorf" aus den unteren Schichten – und deckte das Ganze von oben mit Asche ab. Auf diese Weise ließ sich die Glut bis zum Morgen erhalten und dann wieder zum Feuer entfachen.

War sie jedoch erloschen, musste man das Feuer neu entzünden, was bis zur Erfindung der Schwefelhölzer eine aufwendige Prozedur darstellte: Stahl wurde dafür auf einen Flintstein geschlagen, so dass Funken flogen. Diese mussten auf ein Stück Zunder fallen, das aus verschiedenem leicht brennbarem Material bestehen konnte, aus alten mürben Stoffresten oder aus Feuerschwamm, einem Pilz, der an Bäumen wächst.

Die über Nacht glimmenden Glutreste stellten natürlich eine gewisse Brandgefahr dar. Vor allem fürchtete man, dass Katzen, die gern die Nähe einer Wärmequelle suchen, um den Feuerplatz streichen könnten und mit ihrem Schwanz in die Asche kämen. Dem versuchte man durch Feuerstülpen, die über die Glut gestellt wurden, entgegen zu wirken. Sie waren oft aus alten Sensenblättern selbst hergestellt, es gab aber auch irdene, oder man benutzte alte ausgediente Grapen.

Dat well ik mit swatte Kried an'n Ketelhaken schriewen

Das will ich mit schwarzer Kreide an den Kesselhaken schreiben – das kann man vergessen

s. auch S. 11–13

Nachweis
Re 71 f;
Sch II 246

Auf den gemauerten Herdbänken der Schwibbogenherde brannte das Feuer, und darüber hing am Kesselhaken der Topf, wenn eine Mahlzeit zubereitet werden sollte. War das Essen gar, nahm man den Topf ab, ließ aber das Feuer für den Rest des Tages weiter glimmen, um die Fleischwaren zu räuchern. Dadurch setzte sich rund um die Feuerstelle eine Rußschicht ab, natürlich auch auf dem Kesselhaken.

Franz Rehbein beschreibt das Aussehen so einer Feuerstelle sehr eindringlich in seinen Lebenserinnerungen: „Es lässt sich

An der Rückwand der offenen Feuerstelle erkennt man den schwarz glänzenden Belag, den Franz Rehbein beschreibt. Ein Kesselhaken ist hier nicht zu erkennen (s. S. 35). Foto: 1920er Jahre

kaum ein Raum voll größerer Kontraste denken, wie die Küche eines holsteinischen Rauchhauses. Dort, auf den Regalen, sieht man das gesamte Küchengeschirr aufgereiht; und hier starren uns Wände und Decke in einem undefinierbaren rußigen Schwarz entgegen, fast wie in einer Schmiede. Den Seiten des Herdes bleibt man am besten fern, sonst klebt man gar zu leicht an dem teerigen ‚Soot' fest, der in dickflüssigen Rinnsalen nicht nur das Innere, sondern teilweise auch das Äußere des geräumigen Herdlochs bedeckt."

Es ist leicht vorstellbar, dass von einer Schrift mit schwarzer Kreide am Kesselhaken überhaupt nichts zu sehen gewesen wäre. Wer so etwas vorschlug, sagte damit: „Vergiss es".

Damals trug man auch dunkle Kleidung, helle hätte nicht lange sauber ausgesehen.

Erst mit der Einführung der Stellherde seit der zweiten Hälfte des 19. Jahrhunderts änderten sich die Bedingungen. Der Rauch wurde über ein Rohr direkt aus dem Herd abgeleitet, so dass in den Küchen eine neue Sauberkeit einzog.

Leg einen Zahn zu

Ähnlich: „einen (tollen) Zahn drauf haben".

Nachweis Rö IV 1170; KL 775

Der Zahn, den man zulegt, sitzt nicht im Mund, sondern an einem mechanischen Gerät. Überall im deutschen Sprachraum versteht man darunter, dass eine Geschwindigkeit erhöht wird. Die Herkunft der Redensart wurde deshalb auch im Fahrzeugbereich gesucht. Beispielsweise werden die einfachen kleinen Jagdflugzeuge des 1. Weltkriegs genannt, in denen die Flugge-

In der offenen Feuerstelle hängt ein Grapen an dem verstellbaren Kesselhaken. Links steht eine Feuerstülpe, die abends über die Glut setzt wurde und rechts in der Rückwand erkennt man die Öffnung, durch die der Bilegger in der Döns beheizt wurde. Herd des Stormhauses aus Elsdorf-Westermühlen im Freilichtmuseum Molfsee

schwindigkeit noch auf solche Weise geregelt wurde: An einer Stange mit Zähnen ließ sich die Brennstoffzufuhr regulieren.

Mit ziemlicher Sicherheit kann man aber zeitlich weiter zurückgehen, um den Ursprung zu suchen: Dort, wo in den Küchen über offenem Feuer gekocht wurde, war es üblich, die Töpfe auf Gestelle zu setzen oder an Kesselhaken darüber aufzuhängen. Viele dieser Halterungen waren im norddeutschen Raum aus Eisen geschmiedet und bestanden aus zwei Teilen: einem, das oben befestigt wurde und aus einem breiten Eisenband mit Zähnen auf einer Seite bestand, sowie einem beweglichen, an das unten der Topf gehängt werden konnte. Dieses ließ sich an beliebiger Stelle in einen der Zähne haken, wodurch der Abstand des Topfes vom Feuer reguliert wurde. Je weiter er oben hing, desto geringer war die Hitze, nach unten wurde sie mit jedem Zahn stärker. Gerichte wie beispielsweise Grütze benötigten weniger Hitze, aber längere Zeit, bis das Getreide genügend gar und gequollen war. Anderes dagegen konnte mehr Hitze vertragen oder brauchte sie sogar.

Wurde eine Frau, die am Herd stand und kochte, aufgefordert: „Legg en Tähn to" – „leg einen Zahn zu", war damit sicherlich meistens gleichzeitig die Erwartung verbunden, das Essen möge schneller fertig werden.

De nix hebben intohitten, de möten op'n Kieken sitten
Die nichts zum Einheizen haben, müssen auf der Kieke sitzen

Feuerkieken sind kleine Kästen für glühende Holzkohlen- oder Torfstücke, die als transportable Öfen dienten. Sie wurden auch „Feuerstübchen" oder „Freudenpott" genannt. Es gab sie in einfacher Ausführung aus Holz oder aus kunstvoll geschmiedetem Messing. An einem Bügelgriff auf der Oberseite waren sie zu tragen. Eine Seite ließ sich aufklappen, um eine Feuerschale aus Ton oder Metall hineinzustellen bzw. Glut dort herein zu legen oder auszuwechseln.

An der Westküste sagte man „Fürstaaf" statt „Fürkieke".

Nachweis
M III 103;
Sch II 249

Die Frau hat vor sich eine Feuerkieke auf den Boden gestellt, um beim Lesen nicht zu frieren. Die Aufnahme entstand in einer Paneelstube in Nordfriesland, Mitte 20. Jahrhundert

Man nahm die Kieke mit sich, wenn man Sonntags zur Kirche fuhr und stellte sie im Wagen oder in der Kirche vor sich auf den Boden, um die Füße darauf zu setzen.

Zu Hause fand sie ebenfalls Verwendung: Je kälter die Räume waren, um so nötiger brauchten die Menschen solche kleinen Öfen. Es gab zwar in der Döns einen Bilegger, einen Beilegeofen, der von der Rückseite aus beheizt wurde, aber seine Wärme reichte in der kalten Jahreszeit nicht immer aus: Weil er keinen eigenen Rauchabzug nach oben hatte, konnte das Heizmaterial meistens nur glühen, nicht brennen. Der

Pesel verfügte über gar keinen festen Ofen und sämtliche anderen Kammern ebenfalls nicht. Trotzdem hielt man sich dort auch bei Kälte auf und dann boten die Kieken eine große Hilfe.

Von Medizinern wurde die Benutzung der Kieken im 19. Jahrhundert übrigens als ausgesprochen ungesund verurteilt. Sie schrieben ihnen sogar die Schuld an verschiedenen Krankheiten, wie z. B. Zahnentzündungen, zu.

Die Beschaffung von Brennmaterial war in wirtschaftlich knappen Zeiten für manche Familien recht schwierig. In solchen Situationen verwendete man das bisschen Holz oder Torf zum Unterhalten der Feuerstelle und verzichtete auf das Beheizen des Bileggers. Für die kleine Menge Glut, die eine Kieke braucht, mag es dagegen noch gereicht haben. Allerdings saß niemand direkt auf seiner Kieke, wie die Redensart unterstellt. Frauen stellten sie jedoch gern unter ihre Röcke, um die Wärme möglichst gut auszunutzen.

Dorvun kann de Schosteen nich roken
Davon kann der Schornstein nicht rauchen

Neben den schornsteinlosen niederdeutschen Fachhallenhäusern gab es in Schleswig-Holstein auch Gebäude mit Kaminabzug – und zwar die jütischen Langhäuser sowie die Gulfhäuser auf Eiderstedt und in den Elbmarschen.

Redensartlich wurde und wird der „rauchende Schornstein" zur Umschreibung für jemanden benutzt, der sein tägliches Auskommen hat, weil Brennmaterial wertvoll war. Nicht jeder hatte eigene Holz- oder Torfvorräte, auf die er zurückgreifen konnte. Holz war schon seit dem 18. Jahrhundert knapp und Torfmoore gab es nicht überall. Wer gar nichts hatte, sammelte zum Beispiel durchwurzelte Heideerde oder an den Küsten Dünengras und Strandgut. Ärmere Familien erhielten zum Teil auch die Genehmigung in bestimmten Gebieten Holz zu sammeln,

Von einem Muttersöhnchen sagte man: „He mutt Mudder ern Schosteen roken seen" (er muss den Schornstein seiner Mutter rauchen sehen).

Nachweis M IV 377; Rö III 884

aber große Mengen waren dort meist nicht zu holen. Auf den Halligen wurde der Dung getrocknet, weil er sich gut zum Heizen eignete. Nicht alle der Brennstoffe waren aber gut brennbar, einige qualmten mehr, als dass sie Hitze brachten.

Gegenüber von Kiel auf dem Ostufer der Kieler Förde lagen die Fischerhäuser von Ellerbek. Sie besaßen Schornsteine über den Feuerstellen.

Trotzdem wusste man, wenn der Schornstein irgendwo rauchte, ging es den Betreffenden wirtschaftlich nicht schlecht. Einem jungen Mann empfahl man beispielsweise, er sollte darauf achten, ob der Schornstein seiner künftigen Frau auch rauche.

Gniedel doch ni so op dat Brood rüm

Gniedel' doch nicht so auf dem Brot herum

Zum Gniedeln verwendete man ursprünglich den sogenannten Gniedelstein. Er ist halbkugelförmig, etwa faustgroß und besitzt eine glatte Oberfläche. Vor der Einführung von Mühlen zerrieb man mit ihm auf einem muldenförmigen Bodenstein das Getreide, um daraus Brot zu backen. Die meisten erhaltenen Exemplare bestehen aus Naturstein, es gab sie aber auch aus Glas. Wie Mörser benutzte man sie auch zum Zerreiben anderer Lebensmittel, wie für Senfkörner, Salz, Pfeffer, Zwieback oder altes Brot.

Der Gniedelstein taugte aber auch noch für viele weitere Verwendungen. Messer und andere Werkzeuge ließen sich daran wetzen, speicherte Wärme, wenn er ans Feuer oder auf den Bilegger gelegt wurde und man ihn im Winter in der Tasche mit nach draußen nahm. Außerdem diente er der Haus-

Von einem Menschen sagte man: „He süht ut, as wenn he gniedelt is", wenn er einen sehr mitgenommenen Eindruck machte.

Nachweis M II 412

Ein „Mahlwerk" aus Gniedel und Mulde, beides aus Naturstein.

frau beim Umgang mit den Textilien: Löchrige Strümpfe zog
sie zum Stopfen darüber, beim Waschen bearbeitete sie die Wäsche mit ihm und die Nähte von Leinen wurden damit glatt ge-
rieben.

Seine eigentliche Aufgabe, das Zermahlen von Getreide, war
eine sehr mühsame Tätigkeit. Bis eine brauchbare Menge zer-
kleinert war, verging eine geraume Zeit und erhebliche Kraft
war notwendig. Deswegen hat das „Gniedeln" im Laufe der
Zeit die Bedeutung von „mühsam", wenn nicht sogar „ver-
geblich" angenommen. Nachdem effektive Mühlen die Hand-
arbeit mit den Steinen ersetzt hatten, blieb die Vorstellung der
mit ihnen verbundenen Mühsal erhalten. Versuchte dann jemand beispielsweise mit einem stumpfen Messer Brot zu
schneiden, lautete die entsprechende Bemerkung: „Gniedel ni
so rüm".

He hett wat op'e hoge Kant
Er hat was auf der hohen Kante –
er hat etwas angespart

Vgl. auch S. 43 f

Nachweis
M II 826; Rö II 478

Auch im Hochdeutschen ist diese Redensart allgemein bekannt: Wer etwas auf die hohe Kante legt, spart Geld, auch
wenn das heute auf der Bank geschieht.

Ob der Ursprung dieser Redensart im Niederdeutschen
liegt, ist bisher nicht geklärt worden. Auf jeden Fall wurde
aber der Begriff „Kante" für „Rand", „Ecke" im Laufe des 17.
Jahrhunderts vom Niederdeutschen ins Hochdeutsche übernommen, so dass die Vermutung nahe liegt, die Redensart habe
den gleichen Weg genommen. Eine häufige Erklärung deutet
die hohe Kante so, dass das, was man zur Seite legt, hochkant
gestapelt wird, wie zum Beispiel bei gerollten und dann aufge-
stellten Geldstücken.

Eine andere Deutung entspricht den Umgang mit Wertge-
genständen im norddeutschen Raum: Hier gab es in Truhen, die
im Innern kleine Fächer aufweisen, zum einen die Beiladen (s.
S. 43) an den Schmalseiten und zum anderen an den Rückseiten

41

offene Fächer aus Brettern, die die Bezeichnung „hohe Kante" trugen, weil sie sich im oberen Truhenbereich befanden.

Während im großen Innenraum der Truhen größere Dinge, wie Leinenballen, Wäsche und Kleidung übereinander gestapelt waren, lagen auf der „hohen Kante" kleinere Gegenstände wie Hauben oder Bänder und, sofern keine Beilade vorhanden war, auch Schmuck und Geld.

Eine nordfriesische Döns mit der ursprünglichen Ausstattung. Links an der Rückwand befindet sich oben unter der schrägen Decke eine „hohe Kante", auf der Bücher und eine Flasche abgestellt worden sind. Gemälde von Momme Nissen, um 1900

Wenn junge Frauen zum Beispiel eine Dienststelle antraten, brachten sie ihre gesamte Habe in einer Truhe mit. Auch das Bargeld lag in der Truhe; konnte während des Arbeitsjahres zusätzlich etwas angespart werden, kam es dazu.

In Nordfriesland kannte man noch eine andere Art „hoher Kante", und zwar die in den Wohnräumen hoch angebrachten Ablagebretter, auf die wichtige Dinge gelegt wurden. Wer in niedrigen Marschgebieten lebte, musste bei Flutkatastrophen mit Hochwasser rechnen. Was in Truhen lagerte, konnte bei extrem hohem Wasserstand nass oder sogar fortgeschwemmt werden. Der Platz auf dem Brett unterhalb der Decke aber war verhältnismäßig sicher.

Se is so smuck, as wenn se ut'e Bilaad nahmen wer

Sie ist so schick, als ob sie aus der Beilade genommen wäre

Hatte sich eine Frau auffallend schön angezogen und ihren Schmuck angelegt, sagte man, sie sähe aus, als wenn sie aus der kleinen Lade käme, einem gesonderten Fach in einer Truhe. In diesem kastenartigen Einsatz verwahrten Frauen, zumindest solange Truhen die gebräuchlichsten Möbel waren, das, was sie besaßen, um sich zu schmücken.

Truhen sind als Möbeltyp wesentlich älter als Schränke. Nach den ältesten Truhen, den Einbaumtruhen, die aus einem Stück hergestellt worden waren, gab es seit dem Mittelalter vor allem Stollentruhen. Bei ihnen tragen die Seiten von Vorder- und Rückfront die Konstruktion. Sie sind als senkrechte Bretter gebildet und reichen bis auf den Boden. Alle anderen Teile des Korpus sind durch Nut und Feder mit ihnen verbunden.

Einfache zimmermannsmäßig gearbeitete Truhen aus Brettern gab es daneben natürlich auch, sie dienten aber wohl vor allem zum Lagern von Vorräten.

Die beiden dargestellten jungen Frauen besitzen Koffertruhen und haben ihnen offensichtlich gerade Gegenstände zum Schmücken entnommen. Die linke in Tracht symbolisiert die „alte Zeit", die rechte in modischem Kleid die „neue Zeit". Während die Frau links ihre Truhe bis oben beladen hat, scheint in der rechten noch sehr viel Platz zu sein. Dafür aber ist dort die Beilade an der hinteren Schmalseite gut gefüllt. Kupferstich von Christoffer Suhr, Hamburg um 1808

Kastentruhen aus dem 18. und 19. Jahrhundert trugen gerade oder leicht gewölbte Deckel und wiesen an der Vorderfront oft eine Felderung mit verschiedenen Dekoren auf. Koffertruhen, die vom Ende des 17. bis zum Anfang des 20. Jahrhunderts sehr viel hergestellt wurden, besaßen gewölbte Deckel und mehr oder weniger kunstvoll gearbeitete Metallbänder. In der Regel bestanden diese aus Eisen, bei aufwendigeren Möbeln allerdings auch aus Messing. Gelegentlich war der Holzkorpus dann mit Leder überzogen.

Beiladen finden sich heute zwar im Prinzip noch in allen Typen von Truhen, sind aber nicht immer erhalten. Sie befinden sich im Innern an der linken Schmalseite oben, während die „hohe Kante" (s. S. 41, 42) hinten über die ganze Breite verläuft. Das Bodenbrett der „Bilaad" ist in die Außenwände der Truhe eingenutet, zur Mitte hin ist ein Seitenbrett darauf gesetzt und das so entstehende Fach kann von oben durch einen Klappdeckel geschlossen werden. Teilweise dient dieser Deckel im geöffneten Zustand gleichzeitig als Halter für den schweren Truhendeckel. Gelegentlich befand sich im unteren Teil der Beilade auch noch ein Geheimfach für besondere Kostbarkeiten oder Geld, das durch Hochziehen der Seitenwand zu öffnen war.

Egge & Pflug

Von den Mühen der Landwirtschaft

Gott gef, dat Abend ward, Morgen ward vun sülben

Gott gebe, dass es Abend wird, Morgen wird es von selber

Wenn die Arbeit zu viel wurde, wünschte sich mancher den Feierabend sehnlichst herbei. Die Arbeitstage waren für einen Großteil der Menschen ausgesprochen lang und beschwerlich. Aufgestanden wurde oft schon um vier Uhr oder halb fünf, wenn es im Sommer früh hell war, weil die Kühe in der Frühe gemolken werden mussten. Gegen halb sechs etwa gab es dann die erste Mahlzeit, die „Frühkost", und danach ging die Arbeit weiter bis zum Mittagessen, das bei Bedarf, zum Beispiel in der Ernte, auch draußen eingenommen wurde. Feierabend war nach Jahreszeit und anfallender Arbeit zu unterschiedlichen Uhrzeiten.

Franz Rehbein beschreibt seinen Tagesablauf als Landarbeiter in der zweiten Hälfte des 19. Jahrhunderts auf einem Gut in Ostholstein folgendermaßen: „Frühmorgens um vier Uhr begann die Fron und endete im Winter um sechs, im Sommer je nach Anordnung um sieben, acht oder neun Uhr abends." Was er aber dabei besonders hervorhebt, ist weniger der lange Tag von bis zu 17 Stunden, sondern eine betäubende Eintönigkeit: „Wir arbeiteten, wir aßen, wir schliefen und – arbeiteten wieder, ganz so wie die Ackerpferde, hüh, hott und prr. In stiller Abgeschiedenheit fern von Dorf und Stadt verging hier ein Tag nach dem anderen in ewiger gleichförmiger Tretmühlenarbeit. So ging es tagaus, tagein in gleichmütiger Stumpfsinnigkeit, ohne geistige Anregung, ohne jede Abwechslung als die, welche die Arbeit mit sich brachte. Dabei kann ich nicht einmal sagen, dass ich es hier besonders schlecht gehabt hätte."

Ähnliche Bedingungen galten auch für die Meiereimädchen auf den Gütern. Ihre Arbeitstage waren lang und die seltenen Gelegenheiten, sich zu amüsieren, wurden gern wahrgenommen. Das führte aber leider zu einem denkbar schlechten Ruf der jungen Frauen, weil ihnen nicht zugestanden wurde, was

„Morgenstunde hat Gold im Munde" konnte nur gelten, wenn genügend Zeit zum Schlafen war. Sonst hieß es: „Morgenstünn hett Blie in'n Ars".

Nachweis
M I 17, 385;
Re 93, 141

46

für Männer galt. Man unterstellte ihnen, sie wären leicht zu haben, und viele von ihnen hatten uneheliche Kinder.

Mit dem Kipppflug wird hier im Frühjahr der Boden umgebrochen. Der Marschboden konnte nur mit schweren Pflügen bearbeitet werden, die von drei Pferden gezogen werden mussten.

Zwar waren die Bedingungen nicht überall gleichermaßen hart, es gab jedoch immer reichlich zu tun, auch auf den Höfen der Bauern. Rehbein, der im Anschluss an die Arbeit in Ostholstein auf einen kleinen Hof in Dithmarschen gewechselt hatte, auf dem er die einzige Hilfskraft neben Vater, Mutter und Sohn war, schreibt dazu: „ … und wenn ich mich dann hinter Egge und Pflug müde gelaufen hatte, dann fielen mir des Abends um neun Uhr beim Abfüttern tatsächlich mitunter die Augen zu. Von einem regelrechten Feierabend war bei uns keine Rede, für mich fand sich wenigstens immer nach Feierabend noch etwas zu tun, ebenso des Sonntags."

De Peer, de den Hawer verdeent hebbt, kriegt em ni

Die Pferde, die den Hafer verdient haben, bekommen ihn nicht – Undank ist der Welt Lohn

Vor der Entwicklung von Antriebsmaschinen im 19. Jahrhundert waren Pferde die wichtigsten Tiere auf einem Hof, und ihnen kam deshalb in der Regel die beste Pflege zu. Man

Wenn ein Pferd zu viel Hafer erhielt ohne sich müde zu arbeiten, wurde es übermütig und man sagte: „Em stickt de Haver". Auf Menschen übertrug man diese Umschreibung seit Grimmelshausens Simplizissimus.

*Nachweis
M II 668;
Rö II 363 ff;
Sch II 88*

Die beiden Pferde ziehen schwer an dem beladenen Wagen.

brauchte sie für fast alle Arbeiten auf dem Feld, zum Pflügen und Eggen, zur Ernte sowie für sämtliche Fahrten, sei es zu Besuchen, Einkäufen oder wenn man zum Markt fuhr, um eigene Produkte zu verkaufen. Wer kein Pferd besaß, musste den Pflug selbst ziehen oder seinen Hund vor kleine Karren spannen. Rinder wurden in Norddeutschland kaum als Zugtiere genutzt.

Um Pferde bei guter Gesundheit zu erhalten, war es vor allem notwendig, sie ausreichend und gut zu ernähren. Als Futter erhielten sie neben Heu gelegentlich auch Stroh, vor allem aber Hafer, der den größten Nährwert hatte und insbesondere für Pferde, die zur Arbeit gebraucht wurden, notwendig war. Auf großen Höfen beschäftigten die Bauern eigene Pferdeknechte, denen sie das Wohl der Tiere anvertrauten.

Die Redensart, Pferde bekämen den Hafer nicht, den sie verdient hätten, wurde auch vielfach angewendet, wenn Landarbeiter von ihren Arbeitgebern nicht das erhielten, was ihnen zustand.

Dat is keen Mood, dat de Krüff na't Peerd geiht
Es ist keine Mode, dass die Krippe zum Pferd geht

Auf Hochdeutsch sagt man für die Umkehrung einer üblichen Verhaltensweise: „Wenn der Prophet nicht zum Berg kommt, muss der Berg zum Propheten kommen", allerdings ohne negative Bewertung und nicht auf das Verhältnis

Es ist für jeden, der den Satz sagt oder hört, völlig klar, dass eine Futterkrippe sich nicht zum Pferd bewegen kann, damit es frisst. Deshalb drückte man mit dieser Redensart aus, dass etwas vollkommen falsch herum lief. Üblicherweise kritisierte man so das Verhalten eines Mädchens, von dem man den Eindruck hatte, es liefe einem Mann nach.

Frauen, die nicht abwarteten, bis sie von den Männern angesprochen oder zum Tanz aufgefordert wurden, mussten damit rechnen, als „mannstoll" angesehen zu werden. Solches Verhalten widersprach den Regeln der Gesellschaft und führte zu sozialer Ausgrenzung.

49

von Frauen und Männern bezogen.

Nachweis M III 350

Diele eines Bauernhauses im Barmstedt. Am Ende neben der geöffneten Grotdör liegt der Pferdestall, erkennbar durch die fest eingebauten Pferderaufen für das Heu. Foto 1920er Jahre

Ik wull wohl, awers ik heff 'n Knüppel an't Been

Ich würde gern, aber ich hab' einen Knüppel am Bein

Heute sagen wir entsprechend: „Ich habe einen Klotz am Bein." Von Männern ausgesprochen, bedeutete das in der Regel, verheiratet zu sein, was schon um 1800 belegt und auch jetzt noch bekannt ist. Gebrauchten Frauen die Redewendung, bezog sie sich meistens auf Einschränkungen durch ein uneheliches Kind.

Der Knüppel am Bein war ursprünglich ein größeres unförmiges Holzstück, das Tieren auf der Weide ans Bein gebunden wurde, damit sie sich nicht zu schnell und zu weit fort bewegen konnten. Vor der Verkoppelung Ende des 18. Jahrhunderts gab es keine systematischen Begrenzungen der Weiden, durch die das Vieh beisammen gehalten werden konnte. Und auch danach war es oft noch hilfreich, den Bewegungsradius von Tieren möglichst klein zu halten. Am einfachsten geschah das, indem das Tier an einen Pflock, den Tüderpfahl, gebunden wurde, oder durch Knüppel, die man ihnen an die Beine band.

Wenn man eine lästige Aufgabe übernahm oder etwas Gutes aufgeben musste, hieß das: „Ik heff dat an't Been bunden" (Ich habe das an's Bein gebunden).

Nachweis M I 261; Rö I 111 ff; Sch II 309

Sien Schaap in't Dröge bringen
Seine Schafe in's Trockene bringen

Ähnlich: „He hett
sien Schaap scharen"
(Er hat seine Schafe
geschoren) für „Er

Diese Redensart bedeutet allgemein, einen Vorteil für sich zu nutzen. Ob damit ursprünglich das Schaf oder, wie öfter angenommen, ein kleines Schiff, „Schepgen", gemeint war, ist lange in der entsprechenden Literatur diskutiert worden.

Die Annahme, die Herkunft sei in der Schifffahrt zu suchen, lokalisiert den Ausspruch gleichzeitig im niederdeutschen Sprachraum. Da er aber auch aus dem mitteldeutschen Raum überliefert ist, versteht die neuere Forschung das Schäfchen wieder als Tier, das ins Trockene gebracht werden muss.

hat seinen Vorteil genutzt".

Nachweis
KL 231; M IV 276;
Rö III 798 ff

Die Schafe werden über das Watt von einem Reiter auf die Sommerweide getrieben.

Der ursprüngliche Sinn kann nur sein, dass die Tiere vor Wasser in Sicherheit gebracht wurden, um so ihrem Besitzer erhalten zu bleiben.

Tatsächlich ist es gesundheitsschädlich für Schafe, wenn sie auf feuchten Wiesen stehen. Sie können dort von der Egelseuche befallen werden, einer Leberentzündung, die durch Leberegel verursacht wird. Auf trockenen Wiesen finden sich diese Parasiten dagegen nicht.

Denkt man an die Schafhaltung in der Marsch, könnte eine weitere Erklärung für die Redensart naheliegend sein: Überschwemmungen zwangen hier dazu, die Tiere ins Trockene zu bringen, um sie vor dem Ertrinken zu retten. Denn beim Auflaufen einer Flut, die auch Wiesen überschwemmt, auf denen das Vieh sonst trocken steht, müssen Schafe in Sicherheit gebracht werden. Während Rinder den Weg in ihren gewohnten Stall allein finden und zurück laufen, bleiben Schafe in solchem Fall auf der Stelle stehen, wo das Wasser sie erreicht. Sie müssen von den Menschen eingesammelt und notfalls getragen werden, damit sie in den Fluten nicht umkommen.

Dat is verschütt gahn

Das ist mir verschütt gegangen – ich habe es verloren

„Verschütt gahn"
bezeichnete auch
„verhaftet werden".

Nachweis
M II 1007, IV 440,
V 425; Sch IV 64

Wenn man etwas oder jemanden verloren hat, ist diese Formulierung Ausdruck dafür, dass man nicht weiß, wo und wie es geschehen ist. Außerdem wird der Verlust als undramatisch bewertet. Entweder handelt es sich um Dinge von geringem Wert oder man ist sicher, dass der augenblickliche Zustand nur vorübergehend ist. Wenn beispielsweise eine Personengruppe sich in einer größeren Menschenmenge aus den Augen verliert oder wieder einmal alle Bleistifte oder Kugelschreiber verlegt wurden, sind sie „verschütt gegangen".

Mit dem Verb „verschütten" für das versehentliche Ausgießen von Flüssigkeiten hängt der Begriff nicht zusammen. Er ist eine Ableitung des niederdeutschen Wortes „Schütt" oder „Schött", mit dem das Tor vor einer Weide bezeichnet wurde.

Im 18. Jahrhundert hatte man im Rahmen der „Verkoppelung" in Schleswig-Holstein die großen gemeinschaftlichen Weideflächen aufgelöst, auf denen das Vieh aller Gemeinde-

Das „Schütt", das Heck einer Weide in der Feldmark in Joldelund

53

mitglieder zusammen weidete und von Viehhirten beaufsichtigt wurde. Jeder Landwirt erhielt entsprechend der Hofgröße festes Land zugeteilt, das zur Begrenzung rundherum mit Knicks versehen wurde. Die Zugänge mussten dort, wo Tiere gehalten wurden, natürlich gesichert werden und so stellte man einfache hölzerne Tore aus Pfählen mit Querlatten ein.

Es sollte verhindert werden, dass die Tiere ins Kornland liefen, weil sie dort erheblichen Schaden anrichten konnten. Für die Fälle, in denen das doch geschah und sich Vieh auf fremdem Grund befand, gab es feste Regeln. Der Finder durfte das Tier mitnehmen und es bis zur Zahlung von Futtergeld einbehalten. Wurde das Geld verweigert, durfte er das Tier verkaufen und von dem Entgeld seine Auslagen begleichen. Den Rest erhielt der ursprüngliche Besitzer.

Dieses Sicherstellen fremder Tiere hieß auch „verschütten" oder „inschütten". Amtlich bestellte Personen, denen diese Aufgabe übertragen wurde, um Streitigkeiten zwischen Gemeindemitgliedern objektiv regeln zu können, nannten sich „Schütter" oder „Feldvogt". Oft handelte es sich dabei um Gemeindeboten oder Nachtwächter. In vielen Gegenden existierten auch „Schüttkaben", kleine eingefriedete Bereiche, in denen entlaufene Tiere verwahrt wurden, bis ihre Besitzer sie auslösten. Im Amt Bredstedt wurde zum Beispiel 1821 gefordert: „Jede Kommüne muss einen Schüttkaven und eine Person zur Aufsicht desselben haben."

Allens in Veerkant
Alles im Vierkant – alles in Ordnung

Der Vierkant ist ein Lagerraum für Ernte im Gulfhaus, wozu der Hauberg Eiderstedts und das Barghaus der Wilstermarsch gehören, sowie im Geesthardenhaus. Es gab ihn allerdings auch als freistehendes offenes Bauwerk im Freien. Zwischen vier, sechs oder acht Ständern liegt er als hoher Raum und reicht vom Boden bis zum Dach. Hier lagerte man im Sommer und Herbst das Heu ein, mit dem im Winterhalbjahr das Vieh

Ähnlich: „Wat hett he dat in'n Veerkant" (Wie hat er das im Vierkant) für „alles in Ordnung". „Dat kümmt all ni drög in, wat he seggt", (Das kommt

gefüttert wurde. Im Gegensatz zum Fachhallenhaus, in dem die ganze Ernte auf dem Dachboden lag, stapelte sie sich hier auf dem Erdboden und reichte bis zum Dach, wenn so viel vorhanden war.

Im Vierkant eines Barghauses, auf dem Boden liegen Reste von Heu, das nach der Ernte den gesamten Raum bis zum Dach gefüllt hatte. Foto um 1935

Beim Einbringen war es wichtig, die Arbeiten bei trockenem Wetter zu erledigen. Heute können Gebläse eingesetzt werden, die feuchtes Heu oder Getreide nachtrocknen. Bis zum 19. Jahrhundert gab es das nicht. Um so wichtiger war es, gutes Wetter zu nutzen und vor möglichem Regen fertig zu sein.

Die erleichterte Feststellung „allens in Veerkant" aus dem Mund beispielsweise eines Eiderstedter Bauern bedeutete, dass die Arbeit erledigt und er auf den Winter vorbereitet war. Damit ist in einem sehr wichtigen Arbeitsbereich alles in Ordnung gewesen und in dieser Bedeutung fand die Redensart Eingang in den allgemeinen Sprachgebrauch.

Du hesst ja wull Heu op'e Ogen
Du hast ja wohl Heu auf den Augen

Tomaten, die wir heute angeblich auf den Augen haben, wenn wir etwas Offensichtliches nicht sehen, gehörten nicht zum hiesigen Gemüse und waren zu Beginn des 20. Jahhunderts noch unüblich. Stattdessen sagte man, jemand habe Heu auf den Augen. Diese Vorstellung entsprach auch sehr viel mehr den Erfahrungen aller, die Vieh besaßen.

Wenn jemand nicht zuhörte, fragte man, wie heute, ob er Bohnen in den Ohren habe.

Nachweis M (H) 770 ff

Auf den Halligen wurde das Heu bei der Ernte in großen Tüchern gebündelt und getragen.

Die großen Erntemengen Heu, die für den Winter gebraucht wurden, um das Vieh zu füttern, lagerten im Niederdeutschen Fachhallenhaus auf dem Dachboden. Von dort wurde es erst mit einer Forke durch eine Luke in die Diele herunter und dann den Tieren in die Tröge geworfen. Weil die Kühe in diesen Häusern mit den Köpfen zur Mitte aufgestallt waren, kam es zweifellos regelmäßig vor, dass ihnen das Heu auf den Kopf und die Augen fiel, so dass sie nichts mehr sehen konnten.

Es gab auch eine Augenkrankheit bei Schweinen, die den Namen „Hau op'e Ogen" trug. Diese Tiere hatten einen Belag, eine Haut, auf den Augen. Da Heu im Plattdeutschen teilweise auch wie „Hau" gesprochen wird, ist hier eine Zweideutigkeit von Heu und Haut gegeben, die wiederum mit der vermeintlichen Ursache der Krankheit korrespondierte: Man sagte, sie entstünde, wenn Schweinen Heu eingestreut wurde. Das aber war unsinnig, weil als Einstreu Stroh diente, während Heu als notwendiges Futter für Pferde und Rinder dafür zu wertvoll war. Schweine konnten als Allesfresser mit dem Verschiedensten gefüttert werden. Vermutlich sollte mit dieser Erklärung einer möglichen Verschwendung vorgebeugt werden.

Dat is man Kaff
Das ist bloß Kaff – das ist nichts wert

Ähnlich: „De Kaff seiht, kann keen Weten arn" (wer Kaff sät, kann keinen Weizen ernten).

Nachweis M III 10 f, IV 864

Die Überreste, die beim Ausdreschen des Getreidekorns aus der Ähre abfallen, sind das Kaff. Aus ihm lässt sich natürlich kein Korn gewinnen und auch sonst ist es zu wenig zu verwenden. Man nutzte es zwar als Einstreu oder als Isoliermaterial, z.B. für die Wände von Kohlscheunen, aber grundsätzlich maß man ihm keinen Wert bei. So ist die Redensart „dat is man Kaff" als „das ist nichts wert" zu verstehen.

Auch auf Orte und ihre Bewohner wurde der Vergleich übertragen: Wie in dem Ausspruch „dat is en langwieliges Kaff" verstehen wir den Begriff im Hochdeutschen heute auch ohne zugehöriges Adjektiv als abwertend. Der „Kaffer", eigentlich der Bewohner eines unbedeutenden Dorfes, wurde

Vier Männer stehen mit Dreschflegeln um das Getreide auf dem Boden und schlagen im Wechsel nach einem bestimmten Rhythmus darauf, um die Körner zu lösen. Foto um 1935

zum Schimpfwort für Ausländer, wohl auch wegen der Namensgleichheit mit einem afrikanischen Stamm.

Als „Kaffschriewer" dagegen wurden junge Männer bezeichnet, die die Landwirtschaft an Landwirtschaftsschulen lernten. Man machte sich damit zunächst über angehende Landwirte lustig, die den neuzeitlichen Ausbildungsweg gewählt hatten, weil sie das, was sich ihre Vorgänger in der Vergangenheit auf praktischem Weg angeeignet hatten, auf theoretische Weise an einer Schule lernten. In Holstein mussten sie sich auch die Bezeichnung „Stoppelhopser" gefallen lassen.

Nu laat den Kassen man dampen
Nun lass den Kasten man dampfen – gib Gas

Mit dem Kasten, den man dampfen lässt, war die Dampfmaschine gemeint. Während sie im gewerblichen Bereich etwa Mitte des 19. Jahrhunderts Einzug hielt, geschah das in der Landwirtschaft erst in den 70er/80er Jahren. In Dithmarschen, immerhin einem der wohlhabendsten Landesteile jener Zeit, soll schon 1882 auf gut jedem zehnten Hof eine dampfbetrie-

Ähnlich:
„einen Zahn zulegen" (S. 35, 36)

Nachweis
M I 673; Rö I 190 f

58

bene Dreschmaschine gestanden haben. In anderen Kreisen dauerte es dagegen meistens länger.

Erfolgte der Antrieb durch eine solche Lokomobile, dann bot sich ein imposantes Bild. Die Maschine stieß aus ihrem Schornstein Dampf und machte die typischen rumpelnden Geräusche. Ein langer Riemen verband ihr großes Antriebsrad mit dem Dreschkasten.

Eine Lokomobile und ein Dreschkasten im Einsatz auf Gut Saxdorf. Neben dem Drescher ist der mit Getreidebündeln beladene Erntewagen zu sehen. Vor der Lokomobile steht ein Heizer, der mit seiner Schaufel Kohlen in den Feuerraum der Maschine schippte. Die Hitze erzeugte im Wasserbehälter den notwendigen Dampf, der zum Antreiben nötig war. Foto um 1930

Trotz der technischen Neuerungen waren immer noch ungefähr 27 Leute notwendig, um einen reibungslosen Ablauf der Arbeiten zu gewährleisten. Verglichen mit dem Personalaufwand zuvor, als Getreide noch mit der Hand gedroschen werden musste, waren das allerdings nur noch wenig Menschen, die beschäftigt werden mussten bzw. konnten. Für den, der den Kasten in Gang setzen ließ, stand zweifellos die immense Zeitersparnis im Vordergrund. In diesem Sinn wurde die Redensart dann auch übernommen in andere Bereiche, bei denen es um Schnelligkeit ging, zum Beispiel für von Pferden gezogene Kutschen.

Petrus fahrt Torf

Petrus fährt Torf – es donnert

Bis ins 20. Jahrhundert wurde Torf, der in den Mooren über Jahrtausende aus sich zersetzendem Holz entstand, systematisch abgebaut, um damit zu heizen. Wenn er eine feste Konsistenz hatte, wurde er mit speziellen Geräten in Schichten abgestochen. Am besten brannte derjenige Torf an, in dem sich noch viele Holzteile befanden, die nicht ganz vermodert waren.

Die größte Heizkraft hatte aber Backtorf, den man zerkleinerte, mit Wasser zusammen zu einem zähflüssigen Brei verarbeitete und dann in Holzkästen in Brikettform brachte. Zwei Arbeiter konnten am Tag etwa 2000 Stücke Backtorf herstellen, während sie beim Stechtorf 5000 Soden schafften.

Zum Abtransport wurden sie auf lange, schmale, hölzerne Schubkarren gelegt und meistens schoben Frauen oder Jungen sie dann zum Trockenplatz. Da der Abbau im freien Gelände erfolgte, war der Grund uneben, außerdem waren die Karren noch nicht Gummi bereift, so dass sie beim Schieben polterten und wohl manchen dadurch an Gewitterdonner erinnerten.

Auch: „Petrus fahrt mit Torf to Stadt un smitt ünnerwegens um" (Petrus fährt mit Torf zur Stadt und wirft ihn unterwegs um). „Torfkopp" wird als Schimpfwort wie „Dummkopf" gebraucht.

Nachweis M V 116 ff

Das weiße Moor. Post Blankenmoor.

In Schichten wird der Torf mit speziellen Spaten abgestochen. Dahinter sieht man den Trockenplatz mit den aus Soden aufgeschichteten Diemen. Weißes Moor, Dithmarschen um 1920

Dat is'n Leben as merrn in'e Marsch

Das ist ein Leben wie mitten in der Marsch

Bei Klaus Groth sagt ein Marschbauer zu seinem Sohn: „Mien Söhn, bliev in'e Marsch, buten is allens Geest" (Mein Junge, bleib in der Marsch, draußen ist alles Geest). „He hett Klei ünner de Föt" (er hat Klei unter den Füßen), sagt man von Marschbauern wegen des guten Bodens.

Nachweis M III 596; Groth III 134

„Wie Gott in Frankreich", sagen wir heute – auf der Geest wurde noch zu Beginn des 20. Jahrhunderts die Marsch als Schlaraffenland empfunden.

Das flache Marschland an der Nordseeküste besaß zurecht den Ruf, besonders fruchtbar zu sein. Im Lauf vergangener Jahrtausende hatte sich vor der Geestkante so viel Schlick abgesetzt, dass es möglich geworden war, darauf zu siedeln. Die frühesten Niederlassungen in diesem Gebiet erfolgten kurz nach Christi Geburt. Die Menschen bauten ihre Häuser auf Warften und nutzten das Umland für die Landwirtschaft. Während des Mittelalters begannen sie dann, Deiche um ihr Land zu errichten. Auf diese Weise wurde die Küste mit der Zeit immer weiter ins Meer hinausgeschoben. Der Boden des gewonnenen Landes war schwer und lehmig, aber um ein Vielfaches ertragreicher als der der Geest. Die guten Ernten er-

Ein großer Hof in Vettenbüttel bei Marne, davor steht die Familie mit Gesinde. Um 1900, Foto: Thomas Backens

61

möglichten es den Bauern, ihren Besitz zu vergrößern und wesentlich größere Haushalte zu führen als auf der Geest.

Am besten ging es fraglos den Grundbesitzern, während sich das Gesinde wie überall auch mit weniger begnügen musste. Im Vergleich zur Geest jedoch war das Essen immerhin gehaltvoller und reichlicher. Zudem gab es viel Arbeit, weshalb im 19. Jahrhundert zahllose Landarbeiter im Frühjahr in die Marsch kamen.

Die Marschbauern sahen deshalb auf die der Geest herab, ja das Wort „Geest" wurde teilweise sogar als Schimpfwort benutzt. So nannte man Landarbeiter „Geestknacker", wenn sie sich nicht gut genug benehmen konnten und als „Geestmalerie" bezeichnete man Wandmalereien, um sie als geschmacklos abzuwerten.

Umgekehrt sahen die Geestbauern, wie auch die Redensart belegt, mit mehr oder weniger neidischen Gefühlen in die Marsch hinüber.

Kind & Kegel

Die liebe Familie

Kinner möt bi'n Disch stahn, denn warn se grot

Kinder müssen am Tisch stehen, dann werden sie groß

Oft wurden Umstände, die den einen oder anderen störten, aber nicht ohne weiteres geändert werden konnten, im Nachhinein durch ganz andere Gründe für notwendig erklärt. Vor allem in der Kindererziehung nutzten die Erwachsenen solche Methoden. Groß werden wollten alle Kinder, deshalb dürfte dies eine erfolgreiche Begründung gewesen sein.

Kinder beim Essen am Tisch stehen zu lassen war nicht ungewöhnlich. Wenn zum Haushalt viele Kinder gehörten, gab es nicht immer für alle einen Sitzplatz am Tisch. Eine unge-

Auch der Wert trockenen Brotes wurde ähnlich gepriesen: „Dröög Brood gifft rode Backen" (Trockenes Brot gibt rote Backen) und „Kröst gifft Knööv" (Brotkrusten geben Kraft).

Nachweis M III, 112 f

In Dithmarschen wurde in der Siddels, der großen Querdiele des Bauernhauses gegessen. Illustration von Bernhard Winter zu Gustaf Frenssens „Jörn Uhl", 1913

schriebene Sitzordnung aber legte fest, wer am Tisch an welchen Platz gehörte. Immer saß der Hausherr an exponierter Stelle und seine Frau ihm gegenüber oder neben ihm. Die anderen Mitglieder der Tischgemeinschaft folgten in der Reihenfolge ihrer Rolle im Haushalt. Die ranghöchsten jeweils neben Bauer und Bäuerin, immer getrennt nach Geschlecht.

Es gab zu einigen Zeiten in manchen Gegenden auch die Sitte, alle weiblichen Haushaltsmitglieder am Tisch stehen zu lassen. Sie hatten ihren Platz an der Innenseite, d.h. zum Raum hin, so dass sie von dort auftragen konnten. Zu diesem Zweck gab es eigens Tische, die an einer Langseite keinen Plattenüberstand hatten, damit die Frauen dicht am Tisch stehen konnten.

Markst Müüs?

Bemerkst du Mäuse?

Die Antwort konnte lauten: „Ik heff all lang Müüs markt". Kinder, die lauschten

Kaum jemand, der gefragt wurde: „Markst Müüs", dachte wirklich an Mäuse. Dabei kamen sie nahezu überall vor und ihr Rascheln, etwa im Stroh, war auch gut zu hören. Dennoch meinte der Frager eher allgemein: „Merkst du etwas?"

Während die Eltern am Kaffeetisch in der Stube sitzen, spielt der kleine Sohn unbeachtet auf dem Boden. Aquarell und Deckfarben, um 1800

Entweder wollte er die Aufmerksamkeit darauf lenken, dass er hinter irgendeiner Handlung Dritter besondere Beweggründe vermutete, die nicht offensichtlich waren. Oder Erwachsene machten sich gegenseitig darauf aufmerksam, dass Kinder ihrem Gespräch zuhörten, um zur Vorsicht hinsichtlich der Gesprächsthemen zu mahnen.

Diese Redensart ist alt und in ähnlicher Form schon von Martin Luther überliefert: Er schreibt über den Papst, dieser könne Mäuse riechen: „Denn er reuchet meuse und schmeckt den braten wol, sorget er künde damit nicht bapst bleiben".

wurden gewarnt: „De Ohrworm krüppt di in't Ohr" (Der Ohrwurm kriecht dir in's Ohr).

Nachweis M III 716, 833; Rö III 638

Wenn du opetst, gift dat Godes weller/godes Weller
Wenn du aufisst, gibt es wieder Gutes/gutes Wetter

Die hochdeutsche Aufforderung an Kinder, aufzuessen, damit am nächsten Tag gutes Wetter werde, ist in dieser Form allgemein bekannt. Sie hat ihren Ursprung in einer allerdings falsch verstandenen niederdeutschen Formulierung: Um ihre Kleinen zum Essen zu bewegen, versprachen die Mütter ihnen, dass sie am folgenden Tag „wieder" – „weller" – etwas „Gutes" – „Godes" bekämen.

Das plattdeutsche Wort „Weller" bzw. „Wedder" bedeutet aber zweierlei: Groß geschrieben als Substantiv heißt es „Wetter", klein geschrieben als Adjektiv „wieder". Beim gesprochenen Wort lässt sich der Unterschied natürlich nicht erkennen. Der Satz kann also zwei Bedeutungen haben: „Wenn du aufisst, gibt es wieder etwas Gutes" oder „Wenn du aufisst, gibt es gutes Wetter".

Derartige sprachliche Spielereien, bei denen gleich lautende Wörter verschiedenen Inhalts und mit ihnen ganze Sätze verschieden verstanden werden können, gab es im Niederdeutschen häufiger. Den Müttern war also wohl bewusst, dass in dem Satz auch die andere Vorhersage, es werde gutes Wetter geben, mit enthalten ist.

„Wi hebbt opeten" (Wir haben aufgegessen) bedeutete dagegen nicht unbedingt auch: „Wir sind satt", sondern oft: „Wir haben nichts mehr zu essen".

Nachweis Ho 32 M III 862, V 558; Rö II 505

Die Familie oder Hausgemeinschaft eines Hofes in Holstein sitzt zur Abendmahlzeit in der Döns. Die Erwachsenen essen gemeinsam die Kartoffeln direkt aus der Pfanne, das Kind auf dem Schoß wird gefüttert. Lichtdruck um 1900

In die hochdeutsche Übersetzung konnte diese Doppeldeutigkeit jedoch nicht übernommen werden. Hier entwickelte sich nur die scherzhaft mitgedachte, aber nicht wirklich gemeinte Drohnung den Kindern gegenüber, ihr mangelnder Appetit sei für schlechtes Wetter verantwortlich, zum beliebten Ausspruch.

Vadderstahn is'n Ehr vör de Lüd, awers'n Schann för'n Geldbüdel

Pate sein ist eine Ehre vor den Leuten, aber eine Schande für den Geldbeutel

„Wat Vadder, wat Fründ, wenn du keen Geld hesst, blief mi vun Lief", sagte man scherzhaft.

Zur Taufe eines Kindes lud man die Paten, die „Gevattern", ein und erwartete von ihnen ein wertvolles Taufgeschenk sowie weiter regelmäßige Unterstützung für das Kind. Getauft wurde meistens bald nach der Geburt, angesichts der hohen Säuglingssterblichkeit oft bereits am ersten folgenden Sonntag, um dem Kind den christlichen Schutz möglichst früh zu sichern.

Die Zeremonie fand in wohlhabenden Familien oft im Haus statt, was dem Kind die Fahrt zur Kirche ersparte, die vor allem im Winter sehr unangenehm war. Wer diese Möglichkeit nicht hatte, musste den Weg auf sich nehmen, gleichgültig wie weit er war.

Nachweis
M I 784 ff, V 341 f;
Sch IV 294

Als Gevatter wählten die Eltern zwei Männer und eine Frau, sofern der Täufling ein Junge war, für ein Mädchen umgekehrt. Meistens gehörten sie zur Familie und für den Paten des jeweils anderen Geschlechts suchte man nach Möglichkeit jemanden, der unverheiratet war. Sonst würde der Täufling später, so meinte man, selber nicht heiraten.

Bei dieser Haustaufe in einem nordfriesischen Pesel dürfte der Täufling ein kleiner Junge sein, weil zwei der drei Paten Männer sind. Die Eltern sind vermutlich das junge Paar links im Bild, die Mutter sitzt, der Vater steht daneben. Gemälde von C.L. Jessen: Die Kindtaufe, 2. Hälfte 19. Jahrhundert

Zu den Aufgaben eines Paten gehörte es, das Kind bei der Taufzeremonie über das Taufbecken zu halten. Als Geschenk brachte er ein Geldstück mit, den „Vadderspenning", der aber im 19. Jahrhundert verboten wurde. Danach gab es silberne Löffel und gelegentlich handgeschriebene Patenbriefe. Außerdem zählte oft auch die Bewirtung der Gäste im Anschluss an die Taufe zu seinen Pflichten. Gereicht wurden dabei Kaffee, Zwieback, Wein oder Bier sowie gezuckerter Branntwein. Ärmere Familien wählten allerdings oft mehr als drei Paten, damit diese gemeinsam die entstehenden Kosten abdecken konnten.

Een Vagel find sik sach, wenn he man erst'n Nest hett

Ein Vogel findet sich leicht, wenn er man erst ein Nest hat – Wer eine Wohnung hat, findet auch eine Frau

„He hett sik in'n warm Nest sett", *sagte man z. B. von einem Mann, der eine Witwe geheiratet hatte und deren Hof weiterführte.*

Nachweis M III 785 f

Nicht jeder, der heiraten wollte, erhielt dafür eine Aussteuer von seinen Eltern. Viele waren auf sich allein gestellt, sei es, dass die Eltern verstorben waren oder zu wenig besaßen, um

Eine junge Braut in friesischer Tracht steigt vor dem Haus vom Wagen, der Bräutigam in modernem Anzug hilft ihr dabei. Gemälde von Otto H. Engel: Einholung der Braut IV, 1924

davon noch etwas abzugeben. Wer konnte, legte deshalb vorher regelmäßig kleine Beträge zurück.

Für die Gründung des eigenen Haushalts war eine eigene Wohnung nötig, die allerdings wesentlich mehr Geld kostete, als die Schlafgelegenheit, die den jungen Leuten dort zur Verfügung stand, wo sie arbeiteten. Als Knecht oder Magd teilten sie sich die Kammer meistens mit anderen Angestellten, sofern mehrere beschäftigt wurden. Beschloss ein Paar zu heiraten, dann wollte es jedoch auch zusammen leben.

Viele mussten mit der Heirat lange Zeit warten, manchen gelang der Schritt nie, weil es ihnen nicht möglich war, ein eigenes Heim zu mieten. Männern, die beabsichtigten, eine Frau zu suchen und zu heiraten, empfahl man, rechtzeitig nach einer Wohnung Ausschau zu halten, auch, wenn es noch keine Braut gab. Das „Nest" schien – in Analogie zum Vogelreich – die beste Voraussetzung, auf eine Frau attraktiv zu wirken, weil ihr damit ein Stück Zukunft gesichert war.

---

n'Huus vull Döchter is as'n Keller vull suur Beer
Ein Haus voller Töchter ist wie ein Keller voll mit saurem Bier

---

Bier wurde im Keller sauer, wenn man den Vorrat nicht rechtzeitig ausgetrunken hatte. Das übliche obergärige Bier, das meistens im Haus hergestellt worden war, ließ sich nicht lange lagern. Nach etwa vier Wochen war es so sauer, dass niemand es mehr trinken wollte.

Töchter mit saurem Bier zu vergleichen, scheint uns heute schon recht drastisch. Den Hintergrund dafür bildet die Verantwortung der Väter für die Zukunft ihrer Töchter:

Erst seit dem vergangenen Jahrhundert ist es für Frauen üblich, einen Beruf zu erlernen, um auf eigenen Füßen stehen zu können. Vorher war es wichtig, zu lernen, wie man einen Haushalt führt und notwendig, einen Mann zu finden. Bei die-

Hatte die älteste Tochter geheiratet, sagte man von der nächst ältesten: „Se sitt in't Luuklock" (Sie sitzt im Ausguck).
Zu Bier s. auch S. 13 f, zu Hochzeit s. auch S. 69

Nachweis M I 744, III 91; KL 536

ser Suche blieb die junge Frau nicht auf sich allein gestellt, denn den Eltern lag eine in ihren Augen gute Verheiratung mindestens ebenso am Herzen, weil sie als Voraussetzung für zukünftige wirtschaftliche Absicherung galt. Frauen, die nicht heirateten, blieben, wenn das möglich war, im Familienhaushalt und arbeiteten dort mit. Sie wurden aber wohl auch oft als Belastung empfunden.

Von großer Bedeutung für ehewillige junge Frauen war eine möglichst ansehnliche Aussteuer, die ihr Vater aufzubringen hatte. Den Eltern der jungen Männer waren gutes Aussehen oder Charme bei weitem nicht so wichtig wie die zu erwartende Arbeitskraft und vor allem die Höhe der Mitgift. Für Väter mehrerer Töchter stellte das ein erhebliches Problem dar, sofern sie nicht wirklich wohlhabend waren.

Die Redensart „Arme Manns Ossen un rieke Manns Döchter kaamt fröh vun Stall" bezieht sich darauf: Die Ochsen des armen Mannes mussten aus dem Stall, weil das Winterfutter frühzeitig aufgebraucht war. Ebenfalls „früh aus dem Stall" kamen die Töchter reicher Väter: Dank der üppigen Mitgift fanden sich schnell Ehemänner.

Das Foto der Familie Spethmann aus Eckernförde zeigt Eltern mit zwei Töchtern im heiratsfähigen Alter. Wie oft auf solchen Aufnahmen darf der Mann sitzen, während seine Frau neben ihm steht. 1908

De Fruu, de Aben
un de Steertputt hört in't Huus
Die Frau, der Ofen
und der Steertpott gehören ins Haus

Wenn Frauen heute einen Bauern mit landwirtschaftlichem Betrieb heiraten, behalten sie immer öfter ihren erlernten Beruf bei oder sie arbeiten auf dem Hof in allen Bereichen mit, d.h. sie setzen sich auch auf einen Trecker und übernehmen notwendige Fahrten.

Noch bis Mitte des 20. Jahrhunderts galt dagegen das Haus als ausschließlicher Arbeitsbereich der Frau. Sie war damit allerdings auch zuständig für viele Aufgaben, zu denen unter anderem Vorratshaltung, Kindererziehung, Milchverarbeitung und Aufzucht von Jungvieh zählten. Außerhalb dieses Be-

Ähnlich: „De Fru un de Katt hört achter de Dör, de Mann un de Hund buten vör" (*Die Frau und die Katze gehören hinter die Tür, der Mann und der Hund davor*).

*Nachweis
M II 237, III 9*

Elisabeth Adolfine Krüger sitzt in der Döns vor dem Bilegger und strickt. Auch in Zeiten, in denen scheinbar nichts zu tun war, blieben Frauen nicht untätig, sie widmeten sich dann den verschiedensten Handarbeiten. Föhr um 1900

72

reichs half sie zwar bei der Ernte mit, aber die meiste Zeit des Jahres war das Zentrum ihrer Tätigkeiten das Haus.

Die Gleichsetzung von Frauen und Öfen ist vermutlich eine scherzhafte Reaktion auf die Emanzipationsversuche der Frauen.

De'n goode Fruu hemm will, mutt sik vörmiddags in't Huus de Bruut utsöken

Wer eine gute Frau haben will, muss sich vormittags im Haus die Braut aussuchen

---

Auch: „Sök dien Bruut in'n Stall un nich op'n Ball" (Such deine Braut im Stall und nicht auf dem Ball). Oder: „Linn un Frunslüd mutt'n bi Licht köpen" (Leinen und Frauen muss man bei Licht kaufen).

Nachweis M I 544

Dieser Ratschlag richtete sich an junge Landwirte, die auf der Suche nach einer Frau waren. Vielleicht hatten sie auch in den Augen wohlmeinender Freunde oder Angehöriger den Blick auf eine Falsche geworfen.

Der Rat wirft ein Licht auf die Rolle der Frau in einem landwirtschaftlichen Betrieb. In ihrer Verantwortung lag der Haushalt mit allen zugehörigen Aufgaben. War der Hof von mittlerer Größe, gab es Mädchen, die ihr unterstanden. Die „Binnendeern" war dem Haushaltsbereich zugeordnet, half beim Kochen, der Vorratshaltung, beim Verarbeiten der Milch, dem Saubermachen, Wäschewaschen und Beaufsichtigen der Kinder. Die „Butendeern" half im Hof- und Stallbereich, ging zum Melken und übernahm auch schwerere Arbeiten.

Trotz dieser Hilfskräfte blieben genügend Aufgaben für die Frau des Bauern. Allein die Organisation des Haushalts, die Anleitung der oft sehr jungen Mädchen, der umsichtige auf das ganze Jahr angelegte Umgang mit den Vorräten erforderten besondere Fähigkeiten. Dazu kamen die Arbeiten im landwirtschaftlichen Bereich, das Melken, Buttern, die Versorgung des Kleinviehs, vor allem des Geflügels. Der Arbeitstag einer Bäuerin war lang und ihr Aufgabenbereich stellte einen ganz erheblichen Anteil der Arbeit auf dem Hof insgesamt dar. Sie war insofern eine gleichberechtigte Partnerin ihres Mannes und für den Bestand des Hofes unerlässlich.

He kümmt bi't lüttje Fatt

Er kommt ans kleine Fass –
er geht aufs Altenteil

Für einen Bauern war es ein einschneidender Schritt, seinen Hof an einen Sohn abzugeben. Die anderen Kinder erhielten zwar eine Aussteuer, die aus den Mitteln des Hofes zu bestreiten war, aber sie verließen ihr Elternhaus oft schon früh, um auf anderen Höfen in Stellung zu gehen. So stand im Haus meistens schon wieder genügend Platz zur Verfügung, wenn der Jungbauer mit seiner Frau die Wirtschaft in die Hand nahm. Trotzdem ist es in vielen Gegenden auf mittleren und großen Höfen üblich gewesen, dem Altbauern ein eigenes Haus zur

„He sitt vör't vulle Fatt", sagte man von jemandem, der reich war.

Nachweis M III 34, 849

Anna und Peter Hansen vor ihrem Haus auf der Norderhörnwarft auf Langeneß

Verfügung zu stellen. Im Bordesholmer Raum zum Beispiel waren schon um 1700 alle größeren Höfe mit einer Altenteilerkate ausgestattet, während nur ein Viertel der Kätner eine besaß und die Bödner auf den kleinsten Landstellen gar keine.

Die Bezeichnungen für Altenteil lauteten „Verlehnt-," „Afscheed-," „Afnehmkaat" oder „Olendeil". In „Afnehm" – Abnahme – ist ausgedrückt, was für alle zutraf: Die Altenteiler hatten keine eigene Wirtschaft mehr, sondern lebten von Abnahmen des Hofes. In Verträgen wurde festgelegt, was ihnen an Unterhalt zustand und solange die wirtschaftliche Lage einigermaßen gut war, konnten sie damit auskommen. Es blieb jedoch immer weniger als das, was sie zuvor gehabt hatten. Deshalb hieß es, sie kämen ans kleine Fass.

---

dat Fell versupen
das Fell versaufen

„De Deern hett er Fell verkloppt" (Das Mädchen hat sein Fell verkauft) bedeutete, sie hatte sich als Magd vermietet.

Nachweis
M I 53; Rö I 264 f

Die Formulierung, jemandes „Fell zu versaufen", ist als Umschreibung für eine Trauerfeier im mittel- und norddeutschen Sprachraum geläufig. Nach dem Gottesdienst für einen Verstorbenen und seiner Beisetzung wurden die Teilnehmer ins Trauerhaus oder eine Gastwirtschaft gebeten und bewirtet. Es gab Kuchen, Brötchen und dazu Kaffee sowie Schnaps. Viele hatten eine längere Anreise gehabt, mit Pferd und Wagen oder mit dem Zug und vor allem in der kalten Jahreszeit war diese Stärkung notwendig. Darüber hinaus bot sie die Möglichkeit, das Geschehen in der Gemeinschaft besser zu verkraften. So heißt es in einer Rostocker Laienbibel: „etlike ... verfoegen sick in de wyn- vnd beerkroege vnde spreken, se willen de hudt versupen vnde de sorgen vordrinken".

Oft wurde in anderem Zusammenhang das Fell als menschliche Haut verstanden, etwa in der Redensart, jemandem „das Fell gerben" für „verprügeln" oder ihm „das Fell über die Ohren ziehen", wenn er bei einem Kauf übervorteilt wurde. Deshalb war es nahe liegend, auch bei dem „Fell", das auf einer Trauerfeier „versoffen" wird, an Haut zu denken und die Redewendung erhielt dadurch zunehmend einen scherzhaft abwertenden Beiklang.

Das Wort „Fell" hat in diesem Sinnzusammenhang aber über eine lange Zeit Veränderungen erfahren, die im heutigen Sprachgebrauch nicht mehr verständlich sind. Als Ableitung vom mittelnieder- und hochdeutschen „Velle" oder „Gevelle", dem Plural zu „val", bezeichnete es Erträge, Zinsen und auch Abgaben bei Todesfällen an den Lehensherren oder die Kirche. Im Hochdeutschen blieb das Wort bis in die Neuzeit erhalten. Im Niederdeutschen verschwand es in dieser Bedeutung im Laufe des 16. Jahrhunderts, denn mit der Reformation entfielen im niederdeutschen Gebiet die kirchlichen Abgaben, so dass diese Sterbeabgaben den Hinterbliebenen zugute kamen. In diesem Zusammenhang soll der Begriff auf die Trauerfeier übergegangen sein.

Einen weiteren Beleg für den Wortzusammenhang bildet das mittelhochdeutsche Wort „lipvell", das sowohl die Abgaben bei Todesfällen wie auch das Totenmahl bezeichnete. Zudem gibt es in anderen Regionen ähnliche Bezeichnungen: In Salzburg heißt die Trauerfeier beispielsweise „das Gsturie vertrinken" - „Steuern vertrinken".

Eine Trauerfeier auf Föhr, Gemälde von Otto H. Engel, 1904

Ich & Du
Menschliches, Allzumenschliches

Hebbt wi all tosamen Swien hött?
Haben wir schon zusammen Schweine gehütet?

Mit diesem Satz wies man jemanden zurück, der einen geduzt hatte, obwohl man das nicht wünschte. Im ländlichen Raum war es im 19. Jahrhundert im Plattdeutschen weitgehend üblich, „du" zu sagen, nur Respektspersonen wie Pastor, Lehrer oder Arzt blieben davon ausgenommen.

Im 17. Jahrhundert dagegen sprachen Personen, die auf gewisse Umgangsformen Wert legten, sich in der dritten Person an. So weist Neocorus, der Büsumer Pfarrer Johann Adolf Köster, in seiner Dithmarscher Chronik um 1600 darauf hin, dass auch Ehemännner, die ihre Frau ehren wollten, sie nicht mit „du" ansprechen dürften.

Die Anrede „ji" oder „jüm", die dann um 1800 weit verbreitet war, hielt sich in einigen Gegenden, so in Dithmarschen und den Elbmarschen, bis ins 20. Jahrhundert. Insbesondere verwendete man sie schließlich noch gegenüber älteren Leuten und Eltern.

Im 20. Jahrhundert trat dann das vom hochdeutschen „sie" abgeleitete „se" auf.

Die Anspielung auf das Schweinehüten geht darauf zurück, dass diese Arbeit von meist jungen Männern ohne Schulbildung verrichtet worden war, die überwiegend einer ärmeren Schicht entstammten und zweifellos „du" zueinander sagten. – Auch im Märchen symbolisiert der Schweinehirt die untere Gesellschaftsschicht. Noch deutlicher kommt die soziale Abgrenzung zum Ausdruck in dem gleichbedeutenden Ausspruch: „Hebbt wi all tosamen in Rönnsteen legen?" (Haben wir schon zusammen im Rinnstein gelegen?)

„Dor segg ik du to" bedeutet: *„Man ist mit einer Sache vertraut".* Entsprechend versteht man den hochdeutschen Satz: *„Dazu muss man sie sagen"* als *„davor muss man Achtung haben".* In Mecklenburg sagt man: *„To dien Buuk möt'n all Sei seggen."*

Nachweis
M I 122, 889, 935;
Sch II 188;
Rö III 946

Ick heff em op'm Kieker

Ich hab' ihn auf dem Kieker

Theodor Johannsen sen. mit einem Fernglas auf Langeneß. Die Halligbauern hatten von ihren Warften aus ihr Vieh so auch noch im Blick, wenn es weiter entfernt stand, weil keine Büsche oder Bäume die Sicht verdeckten. Foto: H. Knittel

„Kieker" ist das Substantiv zu „kieken" (sehen) und bezeichnet sowohl den, der schaut, wie auch Hilfsmittel dazu: Fernglas, Fernrohr oder Lupe.

Aber auch die Kimme auf dem Gewehr heißt so, über die ein Schütze sieht, wenn er das Korn vorn auf dem Lauf anpeilt, um die Schussrichtung exakt zu bestimmen.

Will man jemanden genau beobachten, weil man ihm nicht ganz traut, hat man ihn „auf dem Kieker". Seit dem 18. Jahrhundert ist diese Formulierung, die später ins Hochdeutsche übernommen wurde, schon im Niederdeutschen bekannt.

Ähnlich: „etwas auf's Korn nehmen".
Aber: „Ik heff all wat op'n Kieker" ist positiv zu verstehen: „Ich habe etwas in Aussicht".

Nachweis
M III 106;
Rö II, 505;
KL 161

Du hesst em Lüs in'n Pelz sett
Du hast ihm Läuse in den Pelz gesetzt – du hast ihn misstrauisch gemacht

Seit dem 19. Jahrhundert wird die Redensart im deutschen Sprachraum im angeführten Sinn verstanden, oder als „du hast ihm Schwierigkeiten gemacht". Vorher jedoch bedeutete sie anderes, denn Läuse brauchten in Pelze nicht extra gesetzt zu werden, sie befanden sich ohnehin darin. Die Möglichkeiten Ungeziefer zu bekämpfen waren geringer als heute und je problematischer die Wohnverhältnisse waren, um so leichter konnten sich Flöhe, Läuse und anderes ausbreiten. So heißt es in Sebastian Brants „Narrenschiff" auf Pelzäuse bezogen: „Es ist nit not, daß man Leuß in den Belz werf, sie wachsen wol on das darin."

Läuse gab es aber auch in Kleidern oder auf Köpfen und natürlich im Garten auf Kohl und Salat. In vielen Redewendungen wird deutlich, dass sie unmittelbar zum Leben gehörten: „He hett bös wat op'e Lüs kregen" stand für Prügel, und wenn sich jemand stieß, hieß es gelegentlich: „Du hess de beste Lus dood stött". Kinder warnte man davor, Wasser zu trinken, sie bekämen Läuse im Bauch. Weil die Wasserqualität wegen zu geringer Brunnentiefe schlecht war, bestand tatsächlich die Gefahr gesundheitlicher Probleme.

Die genannte Redensart in ihrer ursprünglichen Bedeutung entspricht im heutigen Sprachgebrauch „Eulen nach Athen tragen".

Nachweis
M III 537;
Rö II 578 f

Se is jümmer bannig op 'n Draht

Sie ist immer sehr auf Draht –
sie ist immer gut gelaunt

*„Dor is dat all op'n
Draht" hieß „da
herrschen Sauberkeit
und Ordnung".
„Lang Draht schänd
de Naht" (ein langer
Faden schadet der
Naht) könnte man
auch übersetzen mit:
„langes Fädchen,
faules Mädchen".*

Bei „Draht" denken wir nach unserem heutigen Sprachver-
ständnis an Metall. Sprachgeschichtlich aber ist „Draht" eine
Substantivform des Verbs „drehen" und bedeutet „Gedreh-
tes". Damit wiederum war noch bis ins 19. Jahrhundert kein
Metall- sondern ein textiler Faden gemeint, der auf dem Spinnrad durch Drehen seine Festigkeit erhalten hatte.

Menschen sind redensartlich häufig mit gesponnenen Fäden
verglichen worden. So unterscheidet Schütze 1800 zwischen
„grobdrätigen", d.h. „grobgesitteten" und „fiendrätigen" –
„feingesitteten".

Gewöhnlich werden Redensarten wie die oben genannte in der Literatur auf die Telegrafentechnik zurückgeführt, für die seit den 70er Jahren des 19. Jahrhunderts das Wort „Draht" steht. Das Zitat von Schütze zeigt aber, dass ihr Ursprung weiter zurückliegt und im Bereich der häuslichen Garnherstellung zu suchen ist.

Gesponnen wurde auf dem Land in fast allen Haushalten, so dass jeder eine Vorstellung davon hatte, wie fest oder leicht sich gedrehte Garne aus Flachs oder Wolle anfühlten. Besonders häufig scheinen junge Mädchen zu Vergleichen angeregt zu haben. „En Dern, rund un drall as Flissendraht" (ein Mädchen, rund und gedreht wie Flachsgarn) hieß es zum Beispiel Mitte des 19. Jahrhunderts.

Nachweis
M I 833 f; Rö I 210;
Sch I 243

Mädchen am
Spinnrad.
Süderbrarup 1915

Se sitt Eier ut

Sie sitzt Eier aus – sie ist beim Tanzen nicht aufgefordert worden

„Dat sünd brave Wiewer, de op de Fuust danst" (das sind brave Frauen, die auf der Faust tanzen) – so lobte man Frauen, die statt zu tanzen, im Haus blieben, um dort ihre Hände zu bewegen – und zwar beim Waschen oder Backen. *„Se is de Botter ni los worn"* (sie ist die Butter nicht losgeworden) bedeutete ebenfalls, sie ist nicht aufgefordert worden.

Nachweis M I 459, 676 ff

Öffentliche Tanzgelegenheiten waren auf dem Land eher selten; gelegentlich fand mal ein „Dansbeer", ein Tanzfest, statt, aber üblicherweise boten sich dafür Hochzeiten, Ringreiten oder Gildeversammlung an. Wurde bei Hochzeiten im Haus gefeiert, legte man die Diele mit Brettern aus zum „Dans op de Deel", oder es wurde im Pesel, dem größten Raum des Hauses gefeiert, wenn er groß genug für die Gesellschaft war.

Die Musikstücke waren gewöhnlich allen bekannt, so dass mitgesungen werden konnte. Gab es keine Musiker, reichte auch der Gesang allein. Getanzt wurde nach so bekannten Rhythmen wie Polka oder Walzer, es sind aber auch viele Namen überliefert, unter denen wir uns heute wenig vorstellen können, so Grüttmaker- und Ketelflickerdans, Schinkenschürrer oder Heikendörper Klewersaatdöschwalzer.

Die Mädchen mussten selbstverständlich warten, bis sie von einem Herrn aufgefordert wurden. Kam niemand, dann sagte man auch „se hett in 'n Block seten" (sie hat im Block gesessen) in Anspielung darauf, dass Tieren Hölzer oder Blöcke an die Beine gebunden wurden, damit sie sich nicht bewegen konnten (vgl. S. 50 f).

He deiht so'n beten preussch

Er benimmt sich ein wenig preußisch – er ist eingebildet

Die negative Aussage „he is 'n Briet" (er ist ein Briet) für Rowdies und

Nach den kriegerischen Auseinandersetzungen zwischen Dänemark, Preußen und Österreich Mitte des 19. Jahrhunderts gab Preußen im Frieden von Berlin 1850 die Herzogtümer Schleswig und Holstein auf. Nach dem Londoner Protokoll

zwei Jahre später bildeten die Herzogtümer dann als autonome Partner eine Union mit Dänemark. Mit der dänischen Novemberverfassung 1863 wurde Schleswig annektiert und dadurch von Holstein getrennt. Bismarck gewann Österreich als Partner für den dadurch entstandenen „dänischen Konflikt" und erstürmte im folgenden deutsch-dänischen Krieg die Düppeler Schanzen. Dänemark trat Schleswig, Holstein und

Halbstarke geht nicht auf Briten zurück, sondern ist eine Umformung des französischen „brute" (roh) und entstand während der Franzosenzeit im

19. Jahrhundert. Erst nach dem 2. Weltkrieg kamen viele Katholiken nach Norddeutschland. Bis dahin waren deren Bräuche ungewohnt und katholisch konnte so zum Ausdruck für „wunderlich", „merkwürdig" werden: „En lege Olsch makt den Mann katolsch" (eine schlechte Frau macht den Mann katholisch).

Nachweis Ha 69; M III 1114 f

Lauenburg ab, worauf nach weiteren Auseinandersetzungen zwischen den Partnern schließlich Schleswig von Preußen und Holstein von Österreich verwaltet wurde. Weitere Auseinandersetzungen auf Bundesebene führten dazu, dass Preußen aus dem Deutschen Bund austrat und in Holstein einmarschierte. 1866/67 wurde nach weiteren Kriegen der Norddeutsche Bund unter der Oberhoheit Preußens gegründet. Für die Menschen in Schleswig-Holstein bedeutete dies, dass im ganzen Land die preußischen Verwaltungsstrukturen eingeführt wurden.

Heute denken wir bei der Charakterisierung eines Menschen als „preußisch" an herausragende Korrektheit und Disziplin. Die oben angeführte Redensart entstand, als Beamte des preußischen Staats ins Land kamen, um hier auch dessen Gesetze und Strukturen einzuführen. Dabei trafen sie natürlich nicht nur auf Verständnis und Zustimmung. Um ihre Autorität zu beweisen und sich Achtung zu verschaffen, werden sie oft mit demonstrativer Bestimmtheit aufgetreten sein. Wahrscheinlich hat der eine oder andere seine Macht auch zu deutlich zum Ausdruck gebracht. „Preussch" wurde so zur Beschreibung eingebildeten Verhaltens und als solches für eine gewisse Zeit auch in den allgemeinen Wortschatz übernommen.

Ik heff em den Kusen uttrocken
Ich hab' ihm den Zahn gezogen – ich hab' ihm klar gemacht, dass sein Vorhaben unsinnig ist

---

Der „Kusentrecker" ist der Zahnarzt.

Nachweis M III 378; Rö IV 1170; KL 529

Der Zahn steht hier für einen unmöglichen Plan, einen unsinnigen Gedanken.

Wenn Zähne über längere Zeit schmerzten, gab es früher nur die Möglichkeit, sie zu ziehen, um dem Patienten Linderung zu verschaffen. Einen solchen Zahn im Mund zu behalten, war unvernünftig, denn er taugte zum Kauen nicht mehr und verursachte Schmerzen.

Schon seit Mitte des 18. Jahrhunderts ist der Vergleich aus Hamburg bezeugt. Zu dieser Zeit gab es zwar in Städten ver-

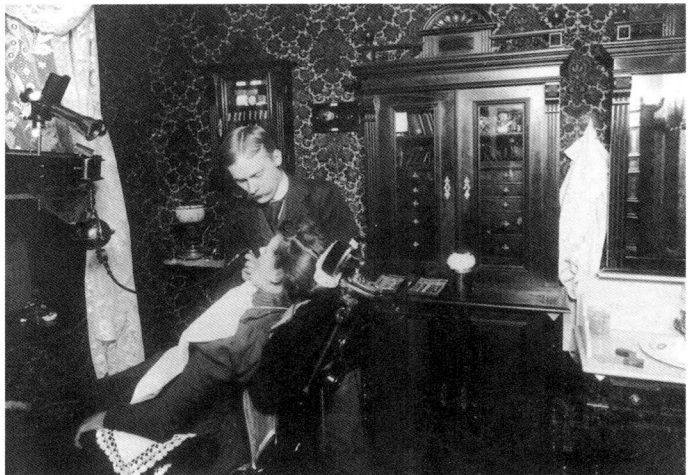

Eine gründerzeitlich eingerichtete Zahnarztpraxis in Marne um 1895, Foto: Thomas Backens

einzelt Zahnärzte, auf dem Land aber noch nicht. Wer Zahnschmerzen oder auch andere gesundheitliche Probleme hatte, ging zu einem der Barbiere, die verschiedene medizinische Dienste anboten, u.a. eben auch das Ziehen von Zähnen. Seit dem 18. Jahrhundert etablierte sich die Zahnheilkunde zwar als Wissenschaft, eine flächendeckende Versorgung der Bevölkerung erfolgte jedoch erst im 20. Jahrhundert.

He stiggt em op'n Daken
Er steigt ihm auf's Dach

„Auf's Dach" steigt man heute jemandem, um ihn wegen einer Handlung oder Aussage zu kritisieren.

Die niederdeutschen Varianten besagen teilweise ähnliches, meistens drücken sie aber eher eine Belästigung aus, das heißt, derjenige, der auf's Dach steigt, scheint im Unrecht zu sein. So zum Beispiel, wenn von lästigem Besuch gesagt wurde: „Wi hebbt se jümmer op'n Daak" (wir haben sie immer auf dem Dach).

„He hett dat ganse Dörp op'n Daak" (er hat das ganze Dorf auf dem Haus) bedeutet auch: „Er ist im Gerede der Leute".
Einen nicht gern gesehenen Verehrer

86

wiesen Frauen so ab:
„Beter dien Daak
man alleen ut"
(besser dein Dach
man allein aus).

Nachweis
M I 642; Rö I 187 f

Allerdings konnten auch drastischere Inhalte mit dem Bild vermittelt werden: „He kriggt wat op'n Daak" (er bekommt was auf's Dach) soll aussagen: Er bezieht Prügel.

Blick über die
Dächer von Kuden,
Dithmarschen
um 1900, Foto:
Thomas Backens

Der Ursprung dieser Redensart liegt in einem seit dem Mittelalter geübten volkstümlichen Rechtsbrauch. Solange noch die Gemeinden oder Nachbarschaften Volksjustiz ausübten, urteilten sie auch über sittenwidriges Verhalten während der Ehe. Insbesondere, wenn sich ein Mann von seiner Frau hatte schlagen lassen – nicht umgekehrt – wurde die Strafe des Dachabdeckens gewählt. Dazu kam die Dorfgemeinschaft am Haus der Betreffenden zusammen und ließ das Reet oder Stroh vom First ab bis zur vierten Dachlatte von oben abnehmen. Dieser Zugriff auf die Bedachung des ehelichen Wohnhauses war nicht nur eine Zerstörung des physischen Schutzes für die Betreffenden, sondern besaß auch einen großen symbolischen Wert.

Se hebbt em in'e Mangel
Sie haben ihn in der Mangel

Wer einen Menschen „in der Mangel" hat, setzt ihm durch Fragen zu, lässt nicht locker und legt dabei vielleicht auch eine gewisse Rücksichtslosigkeit an den Tag. Die Formulierung geht zurück auf das Mangeln von Wäsche und die dabei gebräuchlichen historischen Haushaltsgeräte.

Fünf verschiedene dekorative Mangelbretter aus dem 18. Jahrhundert. Sie sind mit Kerbschnitzerei und farbiger Bemalung versehen. Initialen weisen auf die ursprünglichen Besitzerinnen hin und die Jahreszahlen auf das Datum, an dem sie verschenkt wurden. Eine Inschrift solchen Brettes lautet z. B.: „Wasche witt un mangle glatt, so hess du alle Sünndag wat".

Die Vorläufer der heute gebräuchlichen elektrischen Wäschemangeln waren ein einfaches Mangelbrett und eine Mangelrolle. Auf die hölzernen walzenförmigen Rollen, die einen Durchmesser von knapp 10 cm hatten, wurde die Wäsche möglichst glatt und ohne Falten gewickelt. Dann legte man sie auf einen Tisch und rollte sie hin und her, indem man die dazu gehörigen Mangelhölzer darauf vor und zurück bewegte. Die Hölzer waren oben mit einem Griff zum Anfassen versehen und von unten möglichst glatt. Die Wäsche wurde auf diese

Wenn man heute „in der Mangel" war, ist oft intensives sportliches Training gemeint.

Nachweis
M III 584;
Rö II 616 f

Weise zwar auch glatt, aber es war erhebliche Kraft nötig, um das Holz auf die Rolle zu drücken.

Im 19. Jahrhundert gab es in größeren Haushalten Kastenmangeln, die nach demselben Prinzip funktionierten. In einem Holzgestell lagen die Mangelrollen auf einer horizontalen Platte und statt des relativ kleinen Mangelbretts wurde ein Kasten darüber gerollt. Dieser war von oben offen und durch Steine beschwert, um den nötigen Druck zu erzeugen. Zum Auswechseln der Rollen ließ sich der Kasten kippen. Frauen, die Wäsche auf diese Weise gemangelt hatten, behaupteten, dass sie besonders glänzend geworden sei.

Die oben angeführte Redensart spielte auf die einfachen Mangelwerkzeuge, Holz und Rolle, an. Während sie im normalen täglichen Leben ihrer Bestimmung gemäß benutzt wurden oder an der Wand hingen, spielten sie im Zunftbrauchtum eine andere Rolle: Es gab dort ein festgelegtes Strafenrepertoire für den Fall, dass Zunftbrüder gegen Regeln verstießen – und eine dieser Strafen stellte das Mangeln dar. Dabei wurde der Betreffende tatsächlich mit einem Mangelholz traktiert.

He hett den Esel reden
Er hat den Esel geritten –
er hat in der Schule Unsinn gemacht

„Strafe muss sein', sä de Schoolmeister, do eet he de Kinner er Bodderbrot op". Diese scherzhafte Redensart spielt wohl mehr auf die Armut der Lehrer an, als dass sie der Realität entsprach. (s. auch S. 118 f)

Nachweis
M I 1064; MK 42

Hatte ein Kind in der Schule nicht aufgepasst oder Unsinn gemacht, gebrauchte man diese Formulierung. Der Eselritt war schon seit dem frühen Mittelalter als Rechtsbrauch ausgeübt worden, bestraft wurden damit Ehebrecher, Einbrecher, Meineidige und Verräter. Der Esel wurde hierfür gewählt, weil er seit der Antike nicht nur als störrisch und träge sondern auch als gefräßig, unrein, dumm und lasterhaft galt. Die Verurteilten wurden rückwärts auf dem Esel sitzend durch den Ort geführt und dabei öffentlich dem Spott ausgesetzt.

Die Lehrer der Klosterschulen übernahmen den Brauch, indem sie hölzerne Esel in die Schulräume stellten und die Kinder vor den Augen der anderen zur Strafe darauf sitzen ließen.

Später griffen auch andere Schulen diese Praktik auf, allerdings durch Eselbilder, die den Kindern umgehängt wurden. Noch im 18. Jahrhundert war es üblich, diese pädagogische Maßnahme zu ergreifen.

Überhaupt sind die Maßnahmen, die Schülern Disziplin beibringen sollten, aus heutiger Sicht oft erschreckend. So gehörte der Rohrstock noch in der ersten Hälfte des 20. Jahrhunderts zur Ausstattung von Schulräumen.

Froh über den Schulbeginn scheint dieser kleine ABC-Schütze nicht zu sein. Vielleicht hatten ihm größere Kinder mit Erzählungen über Schuldisziplin und Strafen ja Angst gemacht. Foto 1918

Ansehen & Aussehen

Der Blick zu den Nachbarn

He hett Dumenkraft

Er hat Daumenkraft – er ist wohlhabend

Für den effektiven Gebrauch der Hand ist der Daumen ausgesprochen wichtig, wichtiger als alle anderen Finger. Nur mit seiner Hilfe kann man Werkzeuge halten und gebrauchen. Ebenso setzt man ihn deshalb natürlich auch zum Zählen von Geld und somit zum Bezahlen ein. „Den Dumen rögen" (den Daumen bewegen) bedeutet dementsprechend in Holstein „bezahlen" und mit der Aufforderung „spel mal mit'n Dumen" (spiel mal mit dem Daumen) bat man jemanden, freigiebig zu sein.

Auch so brachte man zum Ausdruck, dass jemand reich war: „He hett wat in Schapp" (er hat was im Schrank) oder: „He hett wat achter de Knöp" (er hat was hinter den Knöpfen).

*Nachweis
M I 906; Rö I 195;
MK 30 f*

Kassenraum der
Sparkasse in Heide,
um 1910

Wer viel Geld hatte, musste viel zählen und brauchte dazu viel Kraft im Daumen. Umgekehrt lässt sich auch geiziges Verhalten auf entsprechende Weise ausdrücken, dann wird der Finger nicht bewegt, sondern es heißt: „den Dumen stief holen" (den Daumen steif halten). „Den Dumen op'n Büdel" legt jemand, der ebenfalls sein Geld lieber im Geldbeutel behalten will.

Wer über Geld verfügte, besaß in der Regel auch Macht. Darum galt der Daumen in allgemeinem Sinn als ein Machtsymbol. In diesen Zusammenhang gehört seine Rolle in historischen Rechtsverfahren: Zu den Folterungen, die ein offiziell anerkanntes Mittel für den Schuldnachweis eines Angeklagten waren, gehörten Daumenschrauben als erste Stufe.

De kann wohl Geld hebb'n, tweemal friet un dreemal afbrennt
Der kann Geld haben, zwei Mal geheiratet und drei Mal abgebrannt

„Dor weiht de warme Wind", hieß es von einem Ort, in dem es öfter brannte.

Nachweis M V 645; St 26 f

Bis ins 19. Jahrhundert hinein existierten in den Gemeinden Brandgilden, die ihre einzelnen Mitglieder auf Gegenseitigkeit absicherten. Trat ein Schadensfall ein und Feuer zerstörte das Haus eines Mitglieds, dann übernahm die Gemeinschaft eine finanzielle Entschädigung.

Im 19. Jahrhundert entwickelten sich daraus die übergeordneten großen Assecuranzen, in denen nun große Zahlen von Beteiligten für größere Anonymität sorgten. Als Folge dessen sank bei vielen die Hemmschwelle, Versicherungshilfe anzu-

Reetdächer gerieten sehr schnell in Brand und bei dichter Bebauung bestand für benachbarte Gebäude große Gefahr. Die Möglichkeit, Brände zu bekämpfen, war gering. So wurden mit Wasser gefüllte Feuerlöscheimer von Menschenketten zum Feuer hin weiter gegeben und dort ausgegossen. (s. auch S. 105f)

nehmen: Sie setzten ihre alten Häuser heimlich selbst in Brand, um so zu einem moderneren zu kommen. Wer „zwei Mal geheiratet" hatte und „drei Mal abgebrannt" war, verfügte also über Vermögen aus zwei Aussteuern sowie über ein neuwertiges Haus mit entsprechender Ausstattung.

Es war nicht nur unter Bauern und Hausbesitzern ein offenes Geheimnis, dass viele Hausbesitzer ihre Immobilie auf diese Weise instand setzten. In der Zeit des Nationalsozialismus bemühte die Regierung sich intensiv darum, Brände einzuschränken, um das Volksvermögen vor dieser Art Schaden zu bewahren – einerseits durch Aufklärung, andererseits durch die Aufforderung, Brandstifter anzuzeigen und durch die Aussetzung einer Belohnung von 5000 Mark für entsprechende Meldungen.

Is dien Vadder Eddelmann west?
Ist dein Vater Edelmann gewesen? –
Mach die Tür zu!

Wenn jemand heute eine Tür öffnet und anschließend vergisst, sie wieder zu schließen, fragt man ihn, ob er zu Hause Säcke vor den Türen habe, weil die von allein zurückfallen. Im Plattdeutschen erkundigte man sich im 19. Jahrhundert, ob der Vater Edelmann, also Adliger sei. Türen offen stehen zu lassen, erschien vor allem in der kälteren Jahreszeit jedem, der mit Holz und Torf sparsam umgehen musste, als ausgesprochen unvernünftig. Von adeligen Haushalten nahm man jedoch wohl an, dass entweder genügend Personal zum Schließen der Türen vorhanden sei oder dass ein größerer Verbrauch von Heizmaterial dort keine Rolle spiele.

Bauern, aber auch andere, die im Machtbereich von Gütern lebten, hatten oft genug unter hohen Abgabepflichten und sozialen Ungerechtigkeiten zu leiden. Fehlte es zum Beispiel im Gutshaus an Brennmaterial, konnte problemlos Holz im Wald geschlagen werden. Der übrigen Bevölkerung war es dagegen bei Strafe verboten, sich im Forst mit Brennholz zu versorgen.

„De Eddellüd jagt enen de Bodder vun't Brood" (Die Adligen jagen einem die Butter vom Brot).
In der Probstei wurde als „hösch" – für höfisch – Fremdes bezeichnet, das man ablehnte.

*Nachweis
M I 340, II 846,
V 988*

94

NOBILIS CIMBER EQVESTRI HABITV, QVI FUIT A·C·1595·

Erst Ende des 18., Anfang des 19. Jahrhunderts war auf den Gütern Schleswig-Holsteins die Leibeigenschaft aufgehoben worden, auch danach bestanden jedoch die sozialen Ungleichheiten weiter.

In einem „Tafellied der alten Ritter" aus dem 19. Jahrhundert heißt es dann auch: „Rieden un roben, dat is keen Schann, dat doon de Eddelsten im Lann." (Reiten und Rauben, das ist keine Schande, das tun die Edelsten im Lande.)

Wat karjohlt he dor lank?

Was karjohlt er da herum?

In Norddeutschland versteht man das Wort „karjohlen" (herumfahren) heute in abwertendem Sinn: als unnützes durch die Gegend fahren. Das Wort geht auf das französische „carriole" zurück, die Bezeichnung einachsiger, offener Kutschen.

s. auch S. 58 f

Nachweis
M III 50

Das norddeutsche Karjohl war besonders leicht gebaut und nicht gefedert, hatte große Holzspeichenräder mit starkem Sturz, einen Kastenaufsatz mit geschwungenen Rücken- und Seitenbrettern und vorn einen Spritzschutz. Das Pferd wurde vom Sitz aus gelenkt. Der Kastenaufsatz befindet sich vor der Achse, so dass das Fahrzeug einen günstigen Schwerpunkt hatte und sehr schnell gefahren werden konnte.

Die Eisenreifen auf den Rädern waren zusätzlich mit dicken Nagelköpfen versehen, die die Griffigkeit auf den schlechten Straßen und Wegen verbesserten. Der Vorteil des Rädersturzes lag darin, dass aufgeworfener Schmutz nicht auf die fahrenden Personen geschleudert werden konnte.

Ein Karjohl mit besonders schön beschnitzter und farbig gefasster Rückseite

Die erhaltenen Wagen dieser Art stammen aus Dithmarschen, den nördlichen Elbmarschen und dem Alten Land. Für die schweren Böden in diesen Gebieten dürften sich die Wagen besonders geeignet haben.

Alle weisen kunstvolle Schnitzereien außen auf den geschwungenen Rückenbrettern auf, viele sind farbig gefasst. Die aufwendige Ausführung der Wagen weist darauf hin, dass sie wohlhabenden Familien gehörten. Arnold Lühning, der ehemalige Leiter der Volkskundlichen Sammlungen im Landesmuseum Schleswig, hat sie als „Porsche der Zeit um 1800" bezeichnet. Wahrscheinlich hat so mancher Besitzer mit ihnen Ausfahrten bei schönem Wetter unternommen, ist schnell gefahren und hat das Gefühl genossen, Aufsehen zu erregen. So sind auch die Bildung des Verbs „karjohlen" und seine leicht negative Bedeutung zu erklären.

He hett mi för'n Buurn holen
Er hat mich für einen Bauern gehalten –
er hat mich zum Besten gehabt

In Dithmarschen gab es wohl mit die reichsten Bauern, und dort wurden sie den Advokaten gleichgestellt: „Afkaat un de Buur sünd Schelm vun Natur" (Advokat und Bauer sind Schelm von Natur).

Nachweis M I 607 ff

Dies ist eine von zahllosen Redensarten, die die Geringschätzung ausdrücken, mit der Städter auf Bauernfamilien herabsahen. In deren Augen galten sie als dumm und grob. Das Adjektiv „bäurisch" bezeichnet beispielsweise noch heute unbeholfene Bewegungen, ansonsten sind derartige Anspielungen seltener geworden.

Die gewaltigen Veränderungen durch die Industrialisierung im 19. Jahrhundert hatten sich zuerst in den Städten ausgewirkt. Das Leben änderte sich grundlegend, nicht zuletzt durch die neuen Verkehrsmöglichkeiten. Es gab Kutschen mit besserer Federung, neue Chausseen und vor allem die Eisenbahn, so dass der Bewegungsradius und damit der Blickwinkel größer wurden.

Man orientierte sich nicht mehr nur im eigenen, vergleichsweise engen Umfeld sondern schaute in die großen Städte oder andere Länder. Ein gutes Beispiel hierfür ist der Wandel der

Kleidung. Während auf dem Land weiter die traditionellen Trachten zu sehen waren, trugen Städter, sofern sie es sich leisten konnten, etwas, das der aktuellen überregionalen Moderichtung entsprach.

Städter brachten das Gefühl von Überlegenheit der Landbevölkerung gegenüber unter anderem in entsprechenden Redewendungen zum Ausdruck: „Buur is Buur un blifft Buur" (Bauer ist Bauer und bleibt Bauer) oder „12 Buurn un een Oss, dat sünd 13 Beester" (12 Bauern und 1 Ochse, das sind 13 Tiere). „Wat kennt de Buur vun Gurkensalat, den fritt he mit de Mistfork" (Was weiß der Bauer von Gurkensalat, den frisst er mit der Mistforke) umschreibt seine angeblich fehlende Esskultur. Auf seine Umgangsformen zielt „wenn du gegen'n Buurn höflich büst, meent he, du höllst em vernarn" (Wenn du gegen einen Bauern höflich bist, meint er, du hälst ihn zum

Die Bauernfamilie hat sich zusammen mit dem Gesinde vor dem Hof in Vettenbüttel bei Marne zum fotografieren aufgestellt. Foto: Thomas Backens um 1900

Narren). Auch das Bild der „Unschuld vom Lande" für junge Mädchen ist in diesem Zusammenhang einzuordnen.

Daneben wurde aber auch die heute noch sprichwörtliche Bauerschläue aufgegriffen: „De'n Buur bedregen will, mutt'n Buurn mitbringen" (wer einen Bauern betrügen will, muss einen Bauern mitbringen).

op'n Hund kamen
auf den Hund gekommen

*Ähnlich: He kümmt
op'n Hund (oder:
op'n stuwen Hund)
to rieden.*

*Nachweis
Rö II 44;
M II 930, 321*

Wer diesen Ausspruch verwendet, meint, dass jemand wirtschaftlich in sehr schlechte Verhältnisse geraten sei. Dem Hund – heute als Haustier eher geliebt und geachtet – werden in Redensarten sehr unterschiedliche, vielfach negative Rollen zugewiesen. In diesem Fall steht er als Gebrauchstier im Vergleich zu größeren, dem Esel und vor allem dem Pferd.

Jemand, der zum Transport von Ernte oder Waren kein Pferdefuhrwerk besaß, weil er es sich nicht leisten konnte, musste seinen Handwagen selbst ziehen oder einen Hund als Zugtier benutzen. Beides war noch im 19. Jahrhundert keineswegs ungewöhnlich.

Röhrich führt als vergleichbare Redensarten im Hochdeutschen auch „vom Pferd auf den Esel kommen" an, was wohl einen nicht ganz so starken Abstieg charakterisiert, und „vom Hund auf den Bettelsack kommen", was den endgültigen Übergang in die Armut beschreibt.

In Angeln zog zum Beginn des 20. Jahrhunderts eine Frau namens Stina Jordan mit einem Hundegespann regelmäßig über Land. Sie verkaufte Fische und nutzte ihre Touren gleich-

Stina Jordan (geb. 1824) hieß eigentlich Stina Johannsen, man nannte sie aber nach dem Ort, in dem sie ihren Betrieb hatte. Von dort zog sie mit Hund und Wagen über Land. Sie wurde gern gesehen, weil sie stets über alle Neuigkeiten informiert war. 1910 ließ sie von sich sogar eine Postkarte anfertigen, die sie dann auch mit gutem Gewinn verkaufte.

zeitig, um von den Kunden Dinge für sich zu erbitten, die nicht mehr gebraucht wurden. Sie war als Unikum in weitem Umkreis bekannt und ließ von sich sogar eine Postkarte anfertigen.

---

wat op'n Knüppel holen
etwas auf Knüppel holen
– auf Pump kaufen

Der Karvstock, oft auch nur als „Knüppel" bezeichnet, war ein Holzstab, auf dem Kerben als Markierung von Schulden angebracht wurden. Als es noch nicht üblich war, Rechnungen auf Papier zu schreiben, verwendete man Hölzer zu diesem Zweck. Jedes Mal, wenn nicht sofort bezahlt werden konnte oder musste, versah der Gläubiger im Beisein des Schuldners das Kerbholz mit einem entsprechenden Einschnitt, egal ob es sich um Lieferungen von Händlern oder kleine Einkäufe beim Krämer handelte. Auch die Handwerker auf dem Land, wie zum Beispiel die Schmiede, stellten mitunter diese Art von Rechnung aus, wenn sie den Bauern Pferde beschlugen.

Meistens war der Stab der Länge nach so aufgespalten, dass zwei längliche Stücke entstanden, ein dickeres mit Griff versehenes Hauptstück, das „Stock" hieß, und ein dünneres, der sogenannte „Einsatz". Die beiden Parteien behielten jeweils ein Stück in ihrem Besitz.

Um eine Markierung vorzunehmen, legte man beide Teile aneinander. So war gewährleistet, dass niemand die „Rechnung" manipulieren konnte. Wurde nach einer gewissen Zeit abgerechnet, legte man den Stab zusammen, um abzugleichen und hobelte ihn nach erfolgter Zahlung für neuerlichen Gebrauch wieder glatt, man „kerbte ihn ab".

Üblich war dieses Verfahren auch in Gastwirtschaften. Dort hieß es, wenn jemand anschreiben ließ, „he süpt op'n Knüppel".

Im Laufe der Zeit verschob sich die Bedeutung des Begriffs von den realen Geldschulden zu allgemeinen rechtlichen Verfehlungen. Aus dem ursprünglich zivilen Gebrauchsgegenstand wurde ein imaginäres Maß für menschliche oder juristische Schuld.

Auch: op'n Karvstock (Kerbstock) holen.

*Nachweis
M III 229; Sch II
219, 229; Rö II 504;
MK 65*

en Piep Wegs
Weg von einer Pfeifenlänge

„Em is de Piep ut-gahn" (ihm ist die Pfeife ausgegangen) hieß, er war gestorben.

Nachweis M III 1013

Gibt es heute die Zeitangabe „auf eine Zigarettenlänge", so maß man die Länge eines Weges im 19. Jahrhundert nach der Zeit, die gebraucht wurde, eine Pfeife zu rauchen.

In Deutschland war der Tabak in der zweiten Hälfte des 16. Jahrhunderts durch die Hugenotten eingeführt worden. Zunächst setzte man ihn allerdings als Medizin gegen Kopfschmerzen, Pest und Cholera ein und versuchte Ertrunkene durch seinen Rauch wieder zu beleben. Die ersten Pfeifen waren kurz, aus dem Wurzelholz von Ulmen und hießen Brösel, Knösel oder Nasenböter. Die langen Kalkpfeifen, „holländsche Piepen", waren dann bis Mitte des 19. Jahrhunderts üblich. Sie wurden auch von Frauen, zum Ende des Jahrhunderts aber nur noch von älteren Menschen geraucht. An ihre Stelle

Zwei Frauen mit den damals üblichen langen Pfeifen aus Holzröhren mit Porzellanköpfen in der Wilstermarsch. Man nannte die rauchenden älteren Frauen dort „Smökersüsters" (Raucherschwestern). Foto: Thomas Backens

101

traten kurze hölzerne Pfeifen, die einfacher zu handhaben und schneller zu rauchen waren.

„En Piep Tobak" lautete auf Eiderstedt die Aufforderung, während der Arbeit auf dem Feld eine kurze Pause einzulegen – so lange wie das Rauchen einer kleinen Pfeife dauerte.

Pfeife rauchen war vergleichsweise billig, weil die jeweils nötige kleine Tabakmenge günstiger war als eine Zigarre. Sie erfreute sich deshalb auch in weiten Bevölkerungskreisen großer Beliebtheit. So war es deshalb allgemein verständlich, wenn Zeit oder Länge nach Pfeifen gemessen wurden.

Sien Wief hett lerrern Röck an und he'n Büx vun Bedderwand
Seine Frau hat einen ledernen Rock an und er eine Hose aus Beiderwand – seine Frau hat zu Hause zu sagen

Beiderwand ist ein Gewebe aus den beiden verschiedenen Garnen, die früher im ländlichen Haushalt selbst hergestellt wurden: Leinen gewann man aus Flachsstengeln und Wolle aus dem abgeschorenen Vlies von Schafen. Ersteres verwendete man auf dem Webstuhl für die Kettfäden, das zweite für die Schussfäden. Durch unterschiedlich gefärbte Wolle entstanden Streifenmuster, die vor allem für die Frauenröcke von Trachten beliebt waren. Besondere Webtechniken erzeugten Motive, die durch das Gegeneinander von hellen und farbigen Flächen entstanden – auf den hellen Flächen liegt der Flachsfaden oben, auf den farbigen der wollene. Insbesondere Vorhänge und Kissen wurden auf diese Weise hergestellt.

In vielen größeren Haushalten auf dem Land stand noch bis ins beginnende 20. Jahrhundert ein Webstuhl, auf dem solche Stoffe in Eigenarbeit entstanden. Die leinenen Ballen für die Aussteuer der Töchter konnten darauf hergestellt werden, aber eben auch die Rockstoffe. Für die männliche Bekleidung war Beiderwand dagegen nicht üblich.

Man sagte auch: „Wo de Disch wackelt, hett de Fru to seggen" (Wo der Tisch wackelt, hat die Frau zu sagen), oder: „Wo Frunslüd regeert, dor heff de Düwel sien Spill" (Wo Frauen regieren, hat der Teufel sein Spiel).

*Nachweis
Ho 15 f;
M I 251, 280*

Halligfrauen in friesischer Tracht beim Kirchgang. Der Rock der linken ist aus Beiderwand genäht. Foto: H. Knittel

Die Männerhose aus Beiderwand in Verbindung mit dem ledernen Rock für die Frau besagte somit dasselbe, als wenn man behauptete, eine Frau hätte in der Ehe die Hosen an. Beide Bilder waren nicht wörtlich gemeint. Frauen trugen in der Regel ebensowenig Hosen wie Männer Kleidung aus Beiderwand. Die Redensart diente als allgemein verständliche Umschreibung dafür, dass die Frau in der Ehe zu sagen hätte, was gleichzeitig als unnormal bewertet wurde.

Im 20. Jahrhundert hat sich die Redensart nicht erhalten, weil Beiderwand schon im 19. Jahrhundert in zunehmendem Maß als unmodern und schließlich sogar minderwertig angesehen wurde. Die Menschen auf dem Land orientierten sich auch hinsichtlich der Mode zunehmend an der Stadt und legten ihre Trachten ab.

Se süht ut as Melk un Blood
Sie sieht aus wie Milch und Blut

Für die weibliche Schönheit gibt es in der Literatur und redensartlich viele verschiedene Umschreibungen, immer wieder aber werden die Farben Weiß und Rot genant. Schon Walter von der Vogelweide, einer der bekanntesten mittelalter-

Von fahler Gesichtsfarbe sagte man, sie sähe aus wie „Kees un Melk" (Käse und Milch).
„Se süht ut as Melk un Keenruß" (sie sieht aus wie Milch und Ruß) war ebenfalls abwertend gemeint.

Nachweis
KL 457;
M III 83, 620;
Sch II 240

Nordfriesische Tracht mit einem vor dem Gesicht getragenen Tuch, das vor Sonne schützen soll.

lichen Dichter, beschreibt eine Frau im 13. Jahrhundert auf diese Weise: „so reine rot, so reine viz / hie roesloht, dort liljen var" (so klares rot, so klares weiß / hier Rosenleuchten, dort Lilienfarbe). Auch die englische Sprache kennt mit „a face all milk and roses" eine vergleichbare Umschreibung und in dem allgemein bekannten Märchen Schneewittchen wünscht sich die Mutter ein Kind „so weiß wie Schnee, so rot wie Blut und so schwarz wie Ebenholz".

Während gebräunte Haut heute als Schönheitsmerkmal angesehen wird, weil sie mit positiven Assoziationen wie Urlaub, Erholung oder Sport verbunden ist, galt das in früheren Jahren für die helle Gesichtsfarbe. Blass konnte eigentlich nur bleiben, wer nicht gezwungen war, im Freien einer Arbeit nachzugehen. Aus Nordfriesland sind allerdings Arbeitstrachten überliefert, die in diesem Zusammenhang stehen, denn zu ihnen gehörten Tücher, die vor die Gesichter gebunden wurden. Durch sie wollte man sich nicht vor den Blicken anderer Menschen verbergen, sondern die Haut vor der Sonne schützen. Insbesondere in den Gegenden an der Küste, wo viele Männer zur See fuhren, mussten Frauen auch die Arbeiten auf dem Feld allein übernehmen und waren dann der Witterung besonders ausgesetzt.

Die plattdeutsche Sprache benutzte das Wort „schön" im Übrigen in der Regel anders als die hochdeutsche. Meistens diente es zum Unterstreichen ironischer Bemerkungen, wie das hochdeutsche „ganz schön". Man sagte stattdessen „smuck", „söt" und Ähnliches oder „staatsch" für besonders stattliche Schönheiten.

Dat is'n Mann an'e Sprütt
Das ist ein Mann an der Spritze – er ist tüchtig

„Dor mutt en mit de Sprütt mank" (da muss einer mit der War das Feuerhorn zu hören, mussten bis zur Gründung der freiwilligen Wehren alle Männer der Gemeinde einen der in allen Häusern vorhandenen Feuerlöscheimer greifen, zur Brand-

stelle laufen und beim Löschen helfen. Die meisten Eimer waren aus Leder genäht, einige auch aus sehr grobem dicht gewebtem Garn und innen mit Teer ausgegossen, damit das Wasser nicht durchsickerte. Lag der Brand dicht genug an einer Wasserstelle, wurden die Eimer von dort in einer Menschenkette weitergereicht, eventuell auch bis auf ein Dach hinauf und dort ausgeleert. Anschließend warf man sie dann wieder hinunter, um sie wieder auffüllen zu lassen. Deshalb mussten sie aus einem strapazierfähigen weichen Material bestehen, denn sie durften nicht zerbrechen und auch niemanden verletzen. Ausgerichtet hat man bei größeren Feuern mit den relativ geringen Wassermengen aus den Eimern kaum etwas. (s. S. 93)

Es gab zwar auch im 18. Jahrhundert schon Feuerspritzen, aber sie bestanden nur aus einfachen Kolben für geringe Mengen Wasser. Ihr Vorteil lag darin, dass der Strahl an Stellen reichte, die mit Eimern nicht zu erreichen waren.

Eine gewaltige Neuerung bedeutete es deshalb im 19. Jahrhundert für die Feuerbekämpfung, als leistungsfähigere Feuerspritzen auf den Markt kamen, die größere Wassermengen mit wesentlich höherem Druck befördern konnten. Hinzu kam die grundlegende Verbesserung der Wasserversorgung Ende des 19. Jahrhunderts, wodurch die Geräte effektiver arbeiten konnten.

Die Männer, in deren Aufgabenbereich die Bedienung der

Spritze zwischen) hieß, es müsse jemand tatkräftig eingreifen.

Nachweis M IV 789

Die Freiwillige Feuerwehr Kollmar mit Spritzenwagen und Leitern, Foto vom Anfang des 20. Jahrhunderts

Spritzen fiel, konnten den Brand natürlich am effektivsten bekämpfen, so dass sie dadurch allgemein zum Sinnbild für Tüchtigkeit wurden.

Dat kann keen Swien lesen
Das kann kein Schwein lesen

Ähnlich: „Dor kann keen Swien ut klook warrn" (Da kann kein Schwein klug draus werden). „Swiensplietsch" bedeutet „ausgesprochen schlau". Aber: „He is good to'n Swienhöden" (Er ist gut zum Schweinehüten) meint: „Er ist dumm".

Nachweis M IV 1001; KL 247, 321

In Lunden im nördlichen Dithmarschen lebte im 16. und 17. Jahrhundert eine Familie namens Swien (Schwein), die in ganz Dithmarschen für ihre Gelehrsamkeit bekannt war. Die Bauern der Umgebung kamen zu ihnen, um sich Briefe und Urkunden vorlesen oder schreiben zu lassen, wenn sie es selbst nicht gelernt hatten. Das bekannteste Mitglied dieser Familie war Marcus Swien, dessen kunstvoll ausgestatteter Pesel heute im Dithmarscher Landesmuseum in Meldorf zu sehen ist. Man sagte damals in Dithmarschen, dass eine Schrift, die auch die Swiens nicht lesen könnten, von niemandem zu entziffern sei.

Diese Redensart hat sich von Dithmarschen aus im Plattdeutschen und dann in Hochdeutsch im ganzen deutschen Sprachraum verbreitet.

Marcus Swien und seine Frau, Lithografie von J.F. Fritz nach einem Doppelportrait des Ehepaares von 1552.

Schuster, Schneider Schornsteinfeger

Allerlei Berufsbilder

He hett keen Handvull Stroh in de Schoh

Er hat keine Handvoll Stroh im Schuh – er ist sehr arm

„He beholt dat Stroh ni in'e Schoh" (er behält das Stroh im Schuh nicht) bedeutete, „er verschwendet alles". „Em kniept de Schoh" (ihm kneift der Schuh) heißt: „Es geht ihm nicht gut".

Nachweis M IV 366, 897

Es gibt zahllose Redensarten in Verbindung mit Schuhen, wobei die meisten das Passen oder Anpassen thematisieren. Während viele hochdeutsche Redensarten mit dem Schuh-Vergleich nur konstatieren, dass jemand finanziell schlecht gestellt ist, geht der bekannte plattdeutsche Satz „wenn een de Schoh kniept, mutt he Tüffeln antrecken" darüber hinaus. Wen die Schuhe drückten, der sollte Pantoffeln anziehen. Die waren zwar nicht immer bequemer, aber der Ausspruch war auch eher im übertragenen Sinn gemeint. Wenn die wirtschaftliche Situation schlecht wurde, sollte man sich den Verhältnissen anpassen und statt großer teurer Dinge kleinere billige nehmen.

Hintergrund hierfür sind die verschiedenen Schuharten: Pantoffeln wurden aus Holzsohlen und ledernen Oberteilen

Ein Schuhmacher in seiner Werkstatt beim „Zwicken" des Oberleders, Zeichnung 1874

hergestellt und waren wesentlich billiger als richtige Leder-
schuhe, die es allerdings auch mit Leder- oder Holzsohle gab.
Am meisten kosteten natürlich lederne Stiefel.

Generell waren Schuhe eine kostspielige Anschaffung. So
lange wie möglich ließen alle, deren Haushalt knapp war, ihre
Kinder barfuß laufen, um Schuhwerk zu sparen. Im Winter
oder immer wenn es nötig wurde, mussten hölzerne Pantoffeln
ausreichen, sofern das Geld für die teuren ledernen Schuhe
nicht reichte.

Da die hölzernen Sohlen der Schuhe nicht nachgaben und
sich dem Fuß nicht anpassen konnten, legte man Stroh in die
Schuhe. Gleichzeitig erreichte man dadurch einen besseren
Schutz gegen Kälte.

Wenn jemand besonders ärmlich war, sagte man von ihm, er
habe nicht mal eine Handvoll Stroh im Schuh, könnte sich also
nicht einmal das leisten.

Wenn't kümmt, kümmt all op'n Mal, sä de Snieder, dor kreeg he'n Nachtmütz to nein

Wenn's kommt, kommt alles auf einmal, sagte der Schneider, als er eine Nachtmütze nähen sollte

---

Schneider galten früher allgemein als arm, was auch meist der
Realität entsprach. Sie waren wie andere Handwerker seit dem
Mittelalter in Zünften organisiert, die in ihrem Fall unter anderem festlegten, dass sie nicht mit Rohstoffen handeln und
nicht auf Vorrat arbeiten durften. Dadurch konnten sie Auf-
tragslücken nicht ausfüllen und hatten während solcher Zeiten
keine Einkünfte. Außerdem konnten sie erst seit etwa Mitte
des 19. Jahrhunderts auf gedruckte vervielfältigte Schnittmus-
ter zurückgreifen. Bis dahin mussten sie ihre Vorlagen selbst
herstellen, was nicht nur größeren zeitlichen Aufwand bedeutete, sondern immer auch das Risiko eines Fehlers barg, der
dann auf eigene Kosten ging.

*„He früsst as'n Snie-
der" (er friert wie ein
Schneider) und „he is
so spiddelig as'n
Snieder" (er ist so
dünn wie ein Schnei-
der) oder „he is'n
Snieder un nix wie-
der" (er ist ein
Schneider und nichts
weiter) – alle Re-
densarten vermitteln
das gleiche Bild.
Selbst der Teufel*

Eine Schneider-
werkstatt in den
1920er Jahren.

fürchtet dieses Los:
„De Düwel ward
allens, man bloot
keen Sniederjung"
(der Teufel wird
alles, nur kein
Schneiderlehrling).

Nachweis
M I 956; III 28,
IV 641;
Rö III 873 ff

Bekannt ist außerdem, dass Schneider oft Schwierigkeiten hatten, ihren Lohn bei den Kunden einzukassieren. Nicht selten wurden sie abgewiesen und mussten sich zudem noch verspotten lassen.

Hatten sie mit ihrer Arbeit auch eine mehrköpfige Familie zu versorgen, so gerieten sie leicht in finanzielle Schwierigkeiten. Auch zu Beginn des 20. Jahrhunderts hatte sich an der Problematik noch nicht viel geändert. So musste zum Beispiel der Schneider C.H. Jürgensen mit seiner Familie in das Drelsdorfer Armenhauses in Nordfriesland – heute im Freilichtmuseum Molfsee – ziehen. Sie hatten zuvor in Kiel gelebt, wo Jürgensen aber mit anwachsender Kinderzahl kein Auskommen mehr durch seine Arbeit fand. Die Stadt wies sie deshalb aus und sie mussten in sein Heimatdorf zurückkehren, um dort auf Gemeindekosten zu leben.

Die Kinder trugen zum Unterhalt der Familie bei, indem sie auf den Wegen Rinderdung sammelten. Sie setzten ihn zu Hause mit Resten von Stroh zu einem kleinen Misthaufen auf, der später verkauft werden konnte.

Durch die überwiegend schlechte wirtschaftliche Situation der Schneider ließ natürlich auch ihre Ernährung zu wünschen übrig, so dass sie eher dürr waren. Beides, ihre Armut und die schmächtige Statur, spiegeln sich in nahezu allen Geschichten, in denen sie vorkommen wider – beispielsweise in dem bekannten Märchen vom armen Schneiderlein.

Steck 'n Linnenwewer, 'n Snieder un'n Möller in een Sack un smiet em'n Barg dal, ümmer liggt en Spitzbov baben op

Steck einen Leinenweber, einen Schneider und einen Müller in einen Sack und wirf ihn einen Berg hinunter, dann liegt immer ein Spitzbube oben

---

Weber, Schneider und Müller galten früher als Inbegriff von Spitzbuben. Ihre Kunden lieferten ihnen wertvolle Dinge, die sie bearbeiten sollten und alle drei besaßen die Möglichkeit, einen kleinen Teil davon beiseite zu schaffen.

Der Weber erhielt die Garne, Wolle oder Flachs, um daraus Stoffe zu weben. Schnitt er nur wenig von jeder Garndocke für sich ab, so brachte es ihm im Ergebnis doch einen willkommenen Nebenverdienst.

Der Schneider erhielt dann den gewebten Stoff, um daraus Kleider zu nähen. Auch ihm gelang es problemlos, Stoffstücke beim Zuschneiden abzuzweigen und für sich selbst aufzubewahren. In der Platte seines Arbeitstischs gab es ein Loch, durch das er die Stoffreste in eine Kiste auf dem Boden fallen ließ. Diese Öffnung trug den bezeichnenden Namen „Hölle".

Dem Müller brachten die Bauern Getreide, damit er es zu Grütze oder Mehl mahlte. Jeder Kunde wusste, dass beim Mahlen ein geringer Teil zu Staub wird, so dass beim Wiegen nachher mit einem Gewichtsverlust gegenüber vorher gerechnet werden muss. Da hierfür aber keine festen Werte angege-

Ähnlich:
„Steck'n Möller, 'n Snieder un'n Linnenwewer in een Sack, wenn man de schürren deit, is ümmer'n Spitzbov baben" (..., wenn man ihn schüttelt, ist immer ein Spitzbube oben).

Nachweis M III; IV, 494

112

Viele Weber hatten ihre Webstühle in der Döns stehen. Ihr Verdienst reichte – anders als ihr schlechter Ruf besagte – nicht aus für ein größeres Haus mit eigener Werkstatt.

ben werden konnten, war es Müllern durchaus möglich, bei jedem Sack ein wenig abzunehmen.

Ob diese Handwerker ihrem Ruf wirklich „gerecht" wurden oder wieviele schwarze Schafe es unter ihnen gab, ist kaum zu klären. In jedem Fall brachten die Kunden ihnen allen äußerstes Misstrauen entgegen.

He makt all weller
blauen Maandag
Er macht schon wieder blauen Montag

Der Montag hatte auch noch eine andere Bedeutung im Arbeitsleben, weil man an diesem Tag keine neue Stelle antrat. Handwerker

Geht jemand nicht zur Arbeit, obwohl er nicht krank ist, so sagt man, er mache blau. Diese Redewendung hat im Lauf der Zeit verschiedene Deutungen erfahren, wovon letztlich keine bewiesen werden konnte. So nahmen zu Beginn des 20. Jahrhunderts viele Kulturwissenschaftler an, die blaue Farbe wäre christlichen Ursprungs und hinge mit blauen Tüchern zusammen, die von der Fastenzeit bis Ostern über die Altäre gehängt wurden.

113

Eine andere Erklärung sieht den Ursprung in den Arbeitsabläufen der Tuchfärber. Beim Färben mit Waid musste der Stoff zunächst 12 Stunden im Färbesud liegen, dann ebenso lange an der Luft, um zu oxydieren. Den Sonntag nutzten die Färber, um die Stoffe ins Waidbad zu legen, den Montag, um sie draußen aufzuhängen. In dieser Zeit konnten die Gesellen nichts tun, sie „machten blau".

Rörich hält noch eine andere Deutung für wahrscheinlicher: Im Mittelalter war die Farbe der Kleidung für jeden Stand vorgeschrieben. Bauern und Handwerkern standen Grau und Braun zu, an Sonn- und Feiertagen durften sie Blau tragen. Seit dem 15. Jahrhundert war es Handwerksgesellen an bestimmten Montagen erlaubt, der Arbeit fern zu bleiben. Wenn sie also Montags nicht arbeiteten und ihre blaue Sonntagskleidung anlegten, entstand auch hier eine Verbindung vom freien Montag und blauer Farbe, die Ausgangspunkt der Redensart gewesen sein könnte.

tun das auch heute noch nicht.

Nachweis
KL 39; M I 376;
Rö III 652 ff

He is good beslaan
Er ist gut beschlagen

Das richtige Beschlagen von Pferden ist und war eine besondere Kunst. Es reicht nicht, einfach ein Hufeisen auf den Huf zu nageln, sondern jedes Pferd wurde mit individuell angepassten Eisen versehen, wenn es „gut beschlagen" sein sollte. So war es auch möglich, ähnlich wie beim orthopädischen Schuhwerk für Menschen, krankheits- oder altersbedingte Schäden auszugleichen. Da Pferde Arbeitstiere waren, traten erheblich stärkere Verschleißerscheinungen auf, als man es heute kennt. Zudem wurde noch nicht so sehr durch Zucht auf die Qualität der Tiere Einfluss genommen wie heutzutage. Weil aber niemand so leicht auf die Arbeitskraft seines Tieres verzichten konnte, versuchte man auftretende Mängel durch gezieltes Beschlagen zu beseitigen.

In jedem Fall – ob mit oder ohne Verformungen – war das fachgerecht beschlagene Pferd wesentlich leistungsfähiger als eins, das beim Auftreten Probleme hatte.

„Dat is en beslaan Kind", sagte man nicht von einem Kind, das sich durch besondere Leistung auszeichnete, sondern von einem unehelich geborenen.

Nachweis
Ha 19; MI 304

Der Hufschmied von Sankt Peter beschlägt zusammen mit einem Gehilfen vor der Werkstatt ein Pferd, um 1900

Wenn von einem Menschen gesagt wird, er sei „good be-slaan", bedeutet das im übertragenden Sinn, dass er ein gutes Fachwissen besitzt. Im Hochdeutschen verzichtet man auch oft auf das Adjektiv „gut" und sagt nur „beschlagen", was aber inhaltlich dasselbe aussagt. In der Regel dürfte diese Redensart auf Männer angewandt worden sein.

Etwas vollkommen anderes bedeutete die Formulierung „se hett sik beslaan laten". So wurde ausgedrückt, dass eine Frau durch vor- oder außerehelichen Geschlechtsverkehr schwanger geworden war.

He weet, wat op'n Tahl geiht
Er weiß, was auf eine Zahl geht – er kann wirtschaften

Über Frauen, die gut wirtschaften konnten, hieß es: „Se passt op 'n Rahmpott" (sie passt auf den Sahnetopf auf).

Nachweis M III 970, IV 368

Viele Dinge wurden früher nach Anzahl gemessen und gebündelt. So setzten Erntehelfer in der Landwirtschaft aus einer bestimmten Anzahl von Getreidegarben die Hocken auf. Diese mussten so dicht sein, dass sie einen festen Stand hatten, dabei aber auch noch genügend Luft zum Trocknen durchließen.

Auch im Handwerk wurde Material für den Verkauf gebündelt: Ein Dachdecker wusste, wie weit er mit einem „Draaf" Reet auf einem Dach kommen würde, in dem wiederum

20 „Schoof" zusammen gebündelt waren, die der Menge zwischen zwei Händen entsprachen. Bandreißer erhielten keine abgezählten Bündel, sondern stellten sie selber her: Sie fertigten aus Weidenruten Ringe, mit denen Transportfässer gebunden wurden. In mehreren Arbeitsgängen entstanden dabei zunächst Bündel gespaltener Hölzer in unterschiedlicher Länge und zum Schluss dicke gebündelte Ringe, die jeweils für mehrere Fässer ausreichen.

In einer abgeernteten Weidenkultur bündelt ein Bandreißer die frisch geschlagenen Holzstangen. Diese Arbeit erfolgte im Winter, dann stand das Holz bis zum Frühling in flachen Gewässern um Wasser zu ziehen. Im Mai wurden die Bunde gelöst, entrindet und zur weiteren Verarbeitung erneut in Bündel zusammengefasst. Erst später erfolgten weitere Arbeitsgänge. Foto um 1910

Bei dem, der aus Erfahrung mit seiner Arbeit gut voran kam, summierten sich die abgezählten Hocken oder Bunde, ohne dass er lange zählen musste. Er sah also ziemlich genau, wieviel jeweils zusammen zu binden war, d. h., „wat op'n Tahl geiht". Verwendet hat man diese Redewendung allerdings auch in allgemeinem Sinn für sinnvolles Wirtschaften.

Dat is wat ut de latinsche Kök
Das ist was aus der lateinischen Küche

Ähnlich:
„Dat is wat ut de dür
Aptek" (das ist was
aus der teuren Apo-
theke). „Du büst wol
bi'n Apteker ween"
(du bist wohl bei'm
Apotheker gewesen).
„Fuul un lecker
is good för'n
Apteker" (faul und
lecker ist gut für'n
Apotheker).
Auch Peper/Pfeffer
(vgl. S. 21f) wurde
als Synonym für
teure Waren
gebraucht.

Nachweis
M I 159

Die „lateinische Küche" steht hier für eine Apotheke, weil alle Zutaten, die der Apotheker verwendet, lateinische Namen tragen. Die „Kök" lässt an das Laboratorium denken, den wichtigsten Raum neben dem Verkaufsraum, der „Offizin". Dort standen die imposanten Kessel zum Destillieren, in denen der Apotheker aus den verschiedensten Naturprodukten, die er gesammelt oder im eigenen Garten angebaut hatte, Extrakte gewann. Aus diesen stellte er Medikamente her, in Pulverform, als Pasten oder auch als Tabletten.

In großen Städten gab es bereits seit dem Mittelalter Apotheken. In zentralen Orten der ländlichen Regionen wurden im 18. und 19. Jahrhundert zunehmend Privilegien für Eröffnungen vergeben.

Der Kauf von Medikamenten in einer Apotheke war von jeher verhältnismäßig kostspielig. Deshalb entwickelte er sich zum Sinnbild für teure oder überteuerte Einkäufe schlechthin. Auch heute ist der Vergleich noch üblich, wenn wir von „Apothekerpreisen" sprechen.

Die erste Apotheke in Büsum in der Hafenstraße um 1910. In der Offizin der Apotheke standen viele Flaschen und Tiegel, die durch lateinische Aufschriften äußerst geheimnisvoll wirkten, selbst wenn sich darin nur Kamille oder Ähnliches befand. Nicht nur die Apotheker selbst, auch ihre Mitarbeiter waren in der Regel bis ins 20. Jahrhundert Männer.

Wenn de Müs in den Schoolmeister sien Broodschapp kiekt, loopt er de Traan lank de Backen

Wenn die Mäuse in den Brotschrank des Lehrers sehen, laufen ihnen die Tränen über die Backen

Die sprichwörtliche Armut der Lehrer auf dem Land entspricht den realen historischen Gegebenheiten. Ihre Gehälter lagen im 18. und 19. Jahrhundert so niedrig, dass die Familien tatsächlich oft am Rande des Existenzminimums lebten. In der Regel stand ihnen eine Wohnung unentgeltlich zur Verfügung. Über die Wohnsituation gegen Ende des 18. Jahrhunderts auf Fehmarn ist eine Beschreibung überliefert: „Ein jeder ... bewohnt ein eigenes Haus, welches aber gewöhnlich von einer höchst elenden Beschaffenheit, das heißt, eng, niedrig, dunkel, undicht, höchst baufällig, kurz einem gemeinschaftlichen Viehstalle ähnlicher, als einem Haus ist". An Gehalt erhielten die Lehrer im Jahr dort durchschnittlich „vier Reichsthaler".

Für den Unterhalt gab es einen Garten zum Anbau kleiner Mengen von Kartoffeln und Gemüse sowie ein Stück Land, dessen Größe zwischen einem und drei Hektar variierte. Die Ernte, die das Land einbrachte, konnten die Lehrer verkaufen, erheblich war der Ertrag jedoch nicht. Für den Haushalt standen ihnen außerdem eine festgelegte Menge Feuerung zur Verfügung, die knapp bemessen war, und ein jährlicher Kornvorrat von sechs bis zehn Zentnern, der für Familien mit fünf Personen aber nicht ausreichte.

Besonders kritisch soll die wirtschaftliche Situation der Lehrer Mitte des 19. Jahrhunderts geworden sein. In einer Verfügung forderte das Königliche Ministerium für die Herzogtümer Schleswig und Holstein im Jahr 1858, den Lehrern Zulagen zu gewähren. Da für die Bezahlung der Lehrer damals die Gemeinden zuständig waren, die über unterschiedliche finanzielle Möglichkeiten verfügten, konnten sich nicht alle Stelleninhaber über zusätzliches Geld freuen.

Ähnlich: „Wenn'n Schoolmeister starft, lett he nix na as Kinner un Böker"
(Wenn ein Lehrer stirbt, hinterlässt er nichts als Kinder und Bücher).

Nachweis M I 197,424; Otte 87 f

118

Die Schüler der Schule von Pöschendorf / Kreis Steinburg neben dem Schulgebäude mit ihrem Lehrer Johannes Looft. Foto um 1910

So wurde aus Haselau gemeldet: „Der Organist bedarf Nichts, seine Stelle ist ohne Zulage gut, der Lehrer in Hohenhorst gebraucht Nichts, denn seine Kinder sind ja groß, der Lehrer in Audeich kann darum Nichts bekommen, weil die Commüne vor zwei Jahren ein neues Schulhaus gebaut hat."

De do kümmt toerst to Möhl, de kriggt toerst mahlen
Wer zuerst zur Mühle kommt, für den wird zuerst gemahlen

„Wenn de Wind nich weiht, steit de Möhl still" (wenn der Wind nicht weht, steht die Mühle still) sagte man auch, wenn der Herr eines

Heute heißt es hochdeutsch „wer zuerst kommt, mahlt zuerst" und bedeutet ganz allgemein, dass der Schnellste auch als erster an der Reihe ist.

Vor den Mühlen war es früher tatsächlich so: Dort standen die Wagen der Bauern, die gekommen waren, um ihr Getreide mahlen zu lassen, auf der Zufahrt hintereinander. Ausscheren

Vor der Holmschen
Holländermühle in
der Norderstraße in
Heide, die 1900
abbrannte, steht ein
mit Getreidesäcken
beladenes Pferde-
fuhrwerk.

und Überholen konnten sie nicht, weil die Wege dazu zu eng waren.

Hatte es zuvor zum Beispiel über mehrere Tage keinen Wind gegeben, so dass die Windmühlen nicht laufen konnten, oder war nicht ausreichend Wasser im Zulauf einer Wassermühle, kam es schon vor, dass zahlreiche Mühlengäste warteten. So hießen die Bauern, die der Mühle als Kunden zugewiesen waren. Im sogenannten „Mühlenzwang" legten die Obrigkeiten fest, wer zu welcher Mühle gehörte. Im Normalfall verboten sie es bei Androhung empfindlicher Strafen, eine andere aufzusuchen, selbst wenn die vielleicht näher lag. Nur in besonderen Fällen, wenn eine Mühle zum Beispiel durch Schäden für längere Zeit ausfiel, durfte man zu einer fremden Mühle fahren.

Hofes nicht zu Hause war und deshalb nicht richtig gearbeitet wurde.

Nachweis
M III 685

Dat is Water op sien Möhl

Das ist Wasser auf seine Mühle

Diese allgemein bekannte Redensart greift das Hauptproblem der Betreiber von Wassermühlen auf. So wie der Windmüller unbedingt Wind zum Betreiben seiner Mühle benötigte, brauchte der Wassermüller Wasser auf seinen Mühlenrädern. Und so wie der Wind gelegentlich ausblieb oder zu schwach war, ließ auch die Wassermenge in trockenen Jahren oft genug zu wünschen übrig.

Die Technik der Wassermühlen ist älter als die der Windmühlen. Im Mittelalter gab es sie in Norddeutschland bereits überall dort, wo genügend Wasser in Flüssen oder Seen vorhan-

Wassermühle von Heidmühlen, Kreis Segeberg

121

den war. Blieb das Wasser aus, fehlte dem Müller der Verdienst, weil niemand bedient werden konnte. Deshalb kam es auch regelmäßig vor, dass Wasserläufe von den Müllern manipuliert und sie deshalb zur Rechenschaft gezogen wurden.

Er ist ordentlich gebeutelt worden
Ihm ist stark zugesetzt worden.

Ausgangspunkt dieser Redeweise ist ein Verarbeitungsvorgang bei Getreide. In den verschiedenen Mahlgängen einer Mühle wird das Korn entweder relativ grob geschrotet oder zu Mehl vermahlen. Dazu schüttet man es durch einen Trichter in ein Mahlwerk, wo es zwischen den Steinen zerrieben wird. Das Schrot oder Mehl fällt dann in einen Schacht und rutscht in das untere Stockwerk. Getreidesäcke, die unter die Schächte gehängt werden, fangen das Mahlgut auf.

Aus dem so gewonnenen Brotmehl backt man je nach Getreideart mehr oder weniger grobes Brot. Für helles Feinbrot, den „Stuten", ist das Mehl noch nicht brauchbar. Dazu müssen die feinen Bestandteile zusätzlich von der Kleie getrennt werden. Das erfolgt in einer Beutelkiste, einem Kasten aus Holzrahmen und Wänden aus Tuch, durch die das Mehl gesichtet,

Von ungehobelten Menschen sagte man: „He is so fien, as wenn he dör de Ledder büdelt ver" (er ist so vornehm, als wenn er durch die Leiter gebeutelt wäre).

Nachweis MI 620; Rö I 124

Ein Müllergeselle schiebt eine Karre mit Mehlsack aus der Wassermühle in Rurup. Die Mühle steht heute im Freilichtmuseum Molfsee. Foto: Asmus Remmer ca. 1920

d. h. gesiebt, wird. Die Beutelkiste wird vom Mühlengetriebe mit in Gang gesetzt und so kräftig geschüttelt, dass das feine Mehl durch das Gewebe rutscht und unten aufgefangen werden kann. An dieses heftige Schütteln dachten diejenigen, die meinten, sie selbst seien gebeutelt worden.

Wenn im Haushalt kleine Mengen so fein gesiebt werden sollten, verwendeten die Frauen ein Haarsieb oder ein feines Leinentuch.

Gleich sucht sich, gleich findet sich, seggt de Düwel to'n Schosteenfeger

Gleich sucht sich, gleich findet sich, sagt der Teufel zum Schornsteinfeger

Ähnlich: „Gliek um gliek gesellt sik, sä de Düwel un keem bi'n Kohlenbrenner" (gleich und gleich gesellt sich, sagte der Teufel, als er zum Köhler kam). vgl. auch S. 38 f

Nachweis M I 961, IV 378 f

Heute wird der Schornsteinfeger überwiegend als Glücksbringer angesehen, früher musste er sich auch Spott und unangenehme Vergleiche gefallen lassen. Die ersten Kehrer von Rauchabzügen werden im Süden im 14. Jahrhundert genannt. Im Norden sind die ersten „Schlottfeger" im 16. Jahrhundert im Bereich von Gütern, Klöstern und Städten erwähnt. Erst seit Anfang des 18. Jahrhunderts wurden hier auch in ländlichen Bezirken Privilegien an Schornsteinfeger vergeben.

In größeren Häusern gab es breite begehbare Schornsteine, in die der Schornsteinfeger zum Kehren hinein steigen konnte. War nicht genügend Platz vorhanden, wie beispielsweise in den Warfthäusern der Halligen, konnte er nur von oben fegen.

Stieg er zum Fegen in einen Abzug hinein, wurde der dadurch zwar sauberer, aber er selbst war anschließend mit einer entsprechend kräftigen Rußschicht überzogen. Aus diesem Grund ähnelte er auch der Vorstellung, die man vom Aussehen des Teufels hatte, der in der Hölle ständig Feuer, Ruß und Rauch ausgesetzt ist. Diese äußerliche Ähnlichkeit wurde als Vergleich herangezogen, wenn man in Ostholstein ausdrücken wollte, dass zwei Menschen die gleiche Gesinnung hätten, egal welcher Qualität sie war.

Nachwort

Die Idee zu dieser Veröffentlichung entstand durch Gespräche mit Besuchern im Schleswig-Holsteinischen Freilichtmuseum in Molfsee. Es zeigt sich dabei immer wieder, wie groß das Interesse an den kulturhistorischen Hintergründen alter geläufiger Redensarten ist. Wir gebrauchen sie noch wie selbstverständlich, wissen aber meistens nicht, in welchem Zusammenhang beispielsweise unsere Urgroßeltern sie verwendet haben.

Redensarten beinhalten, im Gegensatz zu Sprichwörtern, keine mehr oder weniger allgemeingültigen Lebensregeln, und sie unterliegen auch keinen festen sprachlichen Reim- oder Rhythmusformen. Bei ihnen handelt es sich um Aufforderungen oder Kommentare in sprachlichen Bildern, deren Sinn in dem jeweiligen Umfeld, in dem sie verwendet werden, verständlich ist - auch wenn er sich im Laufe der Zeit verändert.

In diesem Buch soll an ausgewählten Redensarten aus dem ländlichen Bereich Norddeutschlands erklärt werden, in welchem Zusammenhang sie entstanden sind. Oft gab es konkrete Lebens- oder Arbeitsbedingungen, die zu ihrer Ausbildung führten. Mit den technischen oder gesellschaftlichen Veränderungen des 19. und 20. Jahrhunderts hat man die Aussprüche beibehalten, ihnen aber eine allgemeinere oder manchmal auch veränderte Bedeutung verliehen.

So wie die niederdeutsche Sprache von Ort zu Ort variierte, sind auch viele Redensarten unterschiedlich stark bekannt gewesen. Es geht aber nicht primär um niederdeutsche Redewendungen. Sie überwiegen zwar, es wurden aber auch einige mit aufgenommen, die nur noch in Hochdeutsch geläufig sind und aus dem ländlichen Bereich stammen.

Wichtige Grundlagen für die Auswahl bildeten Sammlungen des 19. und 20. Jahrhunderts. Dazu gehört neben dem zwischen 1800 und 1806 von Johann Fr. Schütze in Hamburg herausgegebenen „Holsteinischen Idiotikon" mit einer Sammlung plattdeutscher Begriffe, Redensarten, Sprichwörter und Ähnlichem vor allem das „Niederdeutsche Wörterbuch", das Otto Mensing ab 1929 in Neumünster herausgab. Darin hat er zahlreiche Redensarten angeführt, die zu seiner Zeit noch bekannt waren, denn es basiert auf historischen Quellen und einer groß angelegten Umfrage in der schleswig-holsteinischen Bevölkerung. - Die Zitate, auch die nach Mensing, sind in der jeweiligen Rechtschreibung der Vorlage übernommen worden.

Zahlreiche jüngere Veröffentlichungen zu diesem Thema, wie die von Paul Selk, Rudolf Horstmann oder Markus Hadenfeld, beschränkten sich hauptsächlich darauf, Sprichwörter und Redensarten zu sammeln, um die Erinnerung daran am Leben zu erhalten, und versahen sie, wenn nötig, mit hochdeutschen Übersetzungen.

Über den sprachlichen Aspekt hinaus soll dieses Buch auch interessante Einblicke in historische Lebens- und Arbeitsbedingungen im ländlichen norddeutschen Raum geben. Ein erheblicher Teil des verwendeten Bildmaterials stammt aus dem Archiv des Schleswig-Holsteinischen Freilichtmuseums. Für weitere zur Verfügung gestellte Vorlagen danke ich der Volkskundlichen Sammlung der Stiftung Schleswig-Holsteinisches Landesmuseum Schloß Gottorf und dem Nissenhaus in Husum.

Ulrike Looft-Gaude

Abbildungsverzeichnis

Bildarchiv des Schleswig-Holsteinischen Freilichtmuseums
Molfsee: 11, 12, 15, 17, 20, 25, 26, 28, 37, 43, 50, 55, 58, 64,
65, 67, 68, 84, 101, 104, 113, 123
Sammlung der Provinzial-Versicherung im Schleswig-
Holsteinischen Freilichtmuseum Molfsee: 93
Landesamt für Denkmalpflege, Kiel: 7, 8, 23,
Stiftung Schleswig-Holsteinisches Landesmuseum, Volks-
kundliche Sammlung, Schleswig: 31, 51
Privat: 35, 119

Thorsten Albrecht: Truhen, Kisten, Laden. Vom Mittelalter
bis zur Gegenwart am Beispiel der Lüneburger Heide.
Petersberg 1997: 43
Volker Arnold (Hg.): Heide 1860-1930. Eine Fotochronik.
Heide 21981: 120
Bantelmann/Kuschert u.a.: Geschichte Nordfrieslands. Heide
21996: 115
Nils Hansen/Doris Tillmann: Schleswig-Holsteinische
Dörfer in der Kaiserzeit. Heide 1990: 21, 81
Graf Adelbert Baudissin: Schleswig-Holstein meerumschlun-
gen. Kriegs- und Friedensbilder aus dem Jahre 1864.
Neudruck Kiel 1978: 39
Dithmarschen 2002 (Heft 1): 60
Dithmarscher Kommunalbank. Heide 1962: 92
Jürgen Hoffmann: Carl Ludwig Jessen. Versuch über einen
Heimatmaler. Heide 1982: 17
Gerhard Kaufmann: Töpferware in Schleswig-Holstein.
Heide 1981: 18
Rüdiger Kelm (Hg.): Vom Pfostenloch zum Steinzeithaus.
Archäologische Forschung und Rekonstruktion jungstein-
zeitlicher Haus- und Siedlungsbefunde im nordwestlichen
Mitteleuropa. Heide 2000: 40
Klaus Lengsfeld (Hg.): Halligleben um 1900. Heide 1998: 7,
56, 74, 79 (Zugleich Umschlagbild, dort gekontert), 103
Dieter Lohmeier: Heinrich Rantzau. Humanismus und
Renaissance in Schleswig-Holstein. Heide 2000: 95
Arnold Lühning: Haus und Pesel des Markus Swin.
Heide 1997: 107

Heinrich Mehl (Hg.): Acker-, Markt- und Reisewagen. Unterwegs in Schleswig-Holsteins Vergangenheit. Heide 1996: 96, 106

Ders. (Hg.): Altes Handwerk in Schleswig-Holstein. Werkzeug und Arbeitsformen im Wandel. Heide 1999: 59, 109, 110

Ders. (Hg.): Volkskunst in Schleswig-Holstein. Alte und neue Formen. Heide 1998: 82

Jutta Müller: Otto H. Engel. Ein Künstlerleben um 1900 zwischen Berlin und Schleswig-Holstein. Heide 1990: 69, 76

Jutta Müller/Karsten Schrum (Hg.): Dithmarschen um 1900 – Land und Leute in Fotografien von Thomas Backens. Meldorf/Heide 2001: 61, 86, 87, 98

Gerda Nissen/Volker Arnold: Kindheit damals. Erinnerungen aus alten Familienalben. Heide 1996: 90

Ingelene Rodewald-Ivens: Heinrich Magnus Ivens. Eine schleswig-holsteinische Familiengeschichte. Kiel 1999: 14, 71

Horst Schübeler: Handwerk in Schleswig-Holstein. Bilddokumente zur Geschichte der Handwerksberufe. Band I: Holzverarbeitendes Handwerk. Böelschuby 1998: 116

Kurt Schulte: Büsum. Von der Insel zum Nordseeheilbad. Heide 1989: 117

Kai Detlev Sievers: Ländliche Wohnkultur in Schleswig-Holstein, 17.-20. Jahrhundert. Heide 2001: 15, 29, 42, 67, 72, 88

Johannes Stüdtje: Mühlen in Schleswig-Holstein. Heide 4. Aufl., 1982: 121

Johann Wilhelm Thomsen: Vom Hakenpflug zum Mähdrescher. Eine Fotochronik technischer Entwicklung in der Landwirtschaft. Heide 1983: 47, 48, 50

Doris Tillmann: Früh aufstehen, arbeiten und sparen. Landfrauenleben zwischen 1900 und 1933. Heide 1997: 9, 32, 34

(o.A.): Der Landkreis Husum im Bild. Flensburg o.J.: 52, 53

Literaturverzeichnis

Abgekürzt aufgeführte Literatur:

Ha   Hadenfeld, Markus: Plattdeutsche Wörter und Wendungen aus Dithmarschen. Heide 1986

Ho   Horstmann, Rudolf: Wat so seggt ward. Neumünster 1980.

KL   Krüger-Lorenzen, Kurt: Deutsche Redensarten – und was dahinter steckt. Wiesbaden o.J.

M   Mensing, Otto: Schleswig-Holsteinisches Wörterbuch. 5 Bde. Neumünster 1927-35.

MK   Mittelalterliches Kriminalmuseum mit Rechtshistorischer Sammlung. Katalog „Rechtssprichwörter und sprichwörtliche Redensarten mit rechtlichem Inhalt". Rothenburg ob der Tauber 1992.

Re   Rehbein, Franz: Das Leben eines Landarbeiters. Hamburg 1985.

Rö   Röhrich, Lutz: Lexikon der sprichwörtlichen Redensarten. 5 Bde. Freiburg/Breisgau 1988.

Sch   Schütze, Johann Friedrich: Holsteinisches Idioticon, ein Beitrag zur Volkssittengeschichte. Hamburg 1800ff.

St   Storm, Hans Hermann: Vertellen von fröher. Bilder und Geschichten vom Land. Hamburg 1999.

Weiterführende Literatur:

Albrecht, Thorsten: Truhen, Kisten, Laden. Vom Mittelalter bis zur Gegenwart am Beispiel der Lüneburger Heide. Petersberg 1997.

Berichte aus dem Schleswig-Holsteinischen Freilichtmuseum. 1963 ff.

Borchardt-Wustmann: Die sprichwörtlichen Redensarten im deutschen Volksmund. Leipzig 1954.

Czerannowski, Barbara: Das bäuerliche Altenteil in Holstein, Lauenburg und Angeln 1650-1850. Neumünster 1988.

Detlef, Anne Katrin: Luter Kreihnschiet. Vel grön un gel toon snacken, utprobeern un speeln. Husum o.J.

Dierks, Willy (Hrsg.) Kindheit und Jugend in Schleswig-Holstein – op Platt vertellt. 1900-1950. Heide 1991.

Grimm, Jacob: Deutsches Wörterbuch. Leipzig 1854.

Hansen, Nils / Tillmann, Doris: Dorferneuerung um 1900. Heide 1990.

Hildebrand, Hartmut / Kopischke, Michael: Wohnen und Wirtschaften im Amt Bordesholm im frühen und mittleren 18. Jahrhundert. Bordesholm 1996.

Holm, Hans Henning: Da bist Du platt. Unterhaltsames Sammelsurium niederdeutscher Wörter und Redensarten. Lübeck 1972.

Johannsen, Carl Ingwer (Hrsg.): Schleswig-Holstein. Vom Leben und Arbeiten auf dem Lande. Hamburg 1999.

Johannsen, Maike / Locft-Gaude, Ulrike / Paulsen, Astrid: Die ländliche Küche. Geschichte und Rezepte aus Norddeutschland. Hamburg 1998.

Kamphausen, Alfred: Bauernmalerei in Schleswig-Holstein. Heide 1971.

Karnick, R.: Um 1800 waren die Lehrergehälter in unserem Lande äußerst niedrig In: Dithmarscher Landeszeitung 25.5.1983.

Kettemann, Otto: Handwerk in Schleswig-Holstein. Geschichte und Dokumentation im Schleswig-Holsteinischen Landesmuseum. Neumünster 1987.

Kohl, Johann Georg: Die Marschen und die Inseln der Herzogthümer Schleswig und Holstein. 2 Bde. Leipzig o. J.

Kramer, Karl-Sigismund: Volksleben in einem holsteinischen Gutsbezirk. Neumünster 1979.

Majewski, Rut / Walter, Dorothea: Landfrauenalltag in Schleswig-Holstein im 20. Jahrhundert. Neumünster 1996.

Lengsfeld, Klaus: Halligleben um 1900. Heide 1998.

Lühning, Arnold: Gemessene Zeit. Uhren in der Kulturgeschichte Schleswig-Holsteins. Schleswig 1975.

Ders.: Haus und Pesel des Markus Swien. Heide 1997.

Lüpkes, W.: Seemannssprüche. Sprichwörter und sprichwörtliche Redensarten über Seewesen, Schiffer- und Fischerleben in den germanischen und romanischen Sprachen. Berlin 1900.

Matz, Jutta / Mehl, Heinrich: Vom Kienspan zum Laserstrahl. Zur Geschichte der Beleuchtung von der Antike bis heute. Husum 2000.

Mehl, Heinrich (Hrsg.): Acker- Markt- und Reisewagen. Unterwegs in Schleswig-Holsteins Vergangenheit. Heide 1996.

Meiborg, R.: Das Bauernhaus im Herzogthum Schleswig und das Leben des schleswigschen Bauernstandes im 16., 17. Und 18. Jahrhundert. Neudruck Kiel 1977.

Neocorus, Johann Adolfis: Chronik des Landes Dithmarschen. Hrsg. Von Friedrich Christoph Dahlmann. Kiel 1827.

Nissen, Nis R.: Menschen Monarchen Maschinen. Landarbeiter in Dithmarschen. Heide 1988.

Otte, F.W.: Oekonomisch-statistische Beschreibung der Insel Fehmern. Schleswig 1796.

Ranke, Kurt: 'Fell versaufen'. Geschichte einer niederdeutschen Redensart. In: Die Heimat 48, 1938, S.279-82.

Rave, Robert: Das Leben auf einem Bauernhof in der Kollmarer Marsch um die Jahrhundertwende. Moorhusen 1966.

Redleffsen, Ellen: Möbel in Schleswig-Holstein. Kat. der Möbelsammlung des Städtischen Museums Flensburg. Heide 1983.

Schlee, Ernst: Sitzordnung beim bäuerlichen Mahl. In: Kieler Blätter zur Volkskunde VIII, S. 5-19.

Ders.: Haus und Wohnung Nordfrieslands im Werk von Carl Ludwig Jessen. In: Konrad Grunsky-Peper, Klaus Lengsfeld, Ernst Schlee: Gemaltes Nordfriesland. Husum 1983.

Schlichting, Frank: Haus und Wohnen in Schleswig-Holstein. Literarische Zeugnisse des 18. und 19. Jahrhunderts und die Frage ihres Realitätsgehalts. Neumünster 1985.

Sievers, Kai Detlev: Ländliche Wohnkultur in Schleswig-Holstein. 17.-20. Jahrhundert. Heide 2001.

Selk, Paul: Sprichwörter und Redensarten aus Schleswig-Holstein. Husum 1980.

Storm, Hans Hermann: So war es damals. Das Leben auf dem Lande. Erinnerungen in Wort und Bild. Rendsburg 1986.

Wolf, Gustav: Haus und Hof deutscher Bauern. Schleswig-Holstein. Neudruck Hildesheim 1979.

Register

131